DE L'USUCAPION

EN DROIT ROMAIN

—

DE L'EFFET

DE LA

POSSESSION DES MEUBLES

EN DROIT FRANÇAIS

—

THÈSE

PRÉSENTÉE A LA FACULTÉ DE DROIT DE POITIERS

POUR OBTENIR LE GRADE DE DOCTEUR

Et soutenue le jeudi 1er juillet 1869, à 2 h. du soir

DANS LA SALLE DES ACTES PUBLICS DE LA FACULTÉ

PAR

CARRÉ-WEYLER de NAVAS.

POITIERS
IMPRIMERIE DE A. DUPRÉ
RUE IMPÉRIALE
—
1869

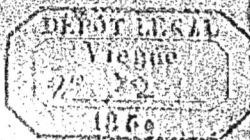

DE L'USUCAPION

EN DROIT ROMAIN

—

DE L'EFFET

DE LA

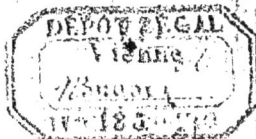

POSSESSION DES MEUBLES

EN DROIT FRANÇAIS

———

THÈSE

PRÉSENTÉE A LA FACULTÉ DE DROIT DE POITIERS

POUR OBTENIR LE GRADE DE DOCTEUR

Et soutenue le jeudi 1er juillet 1869, à 2 h. du soir

DANS LA SALLE DES ACTES PUBLICS DE LA FACULTÉ

PAR

CARRÉ-WEYLER de NAVAS.

———

POITIERS
IMPRIMERIE DE A. DUPRÉ
RUE IMPÉRIALE
1869

COMMISSION.

PRÉSIDENT,   M. RAGON.

SUFFRAGANTS : {
M. BAUDRY LACANTINERIE,
M. Martial PERVINQUIÈRE,
M. LEPETIT, ✳,
M. DELOYNES,
} Professeurs.

Agrégé.

A MON PÈRE.

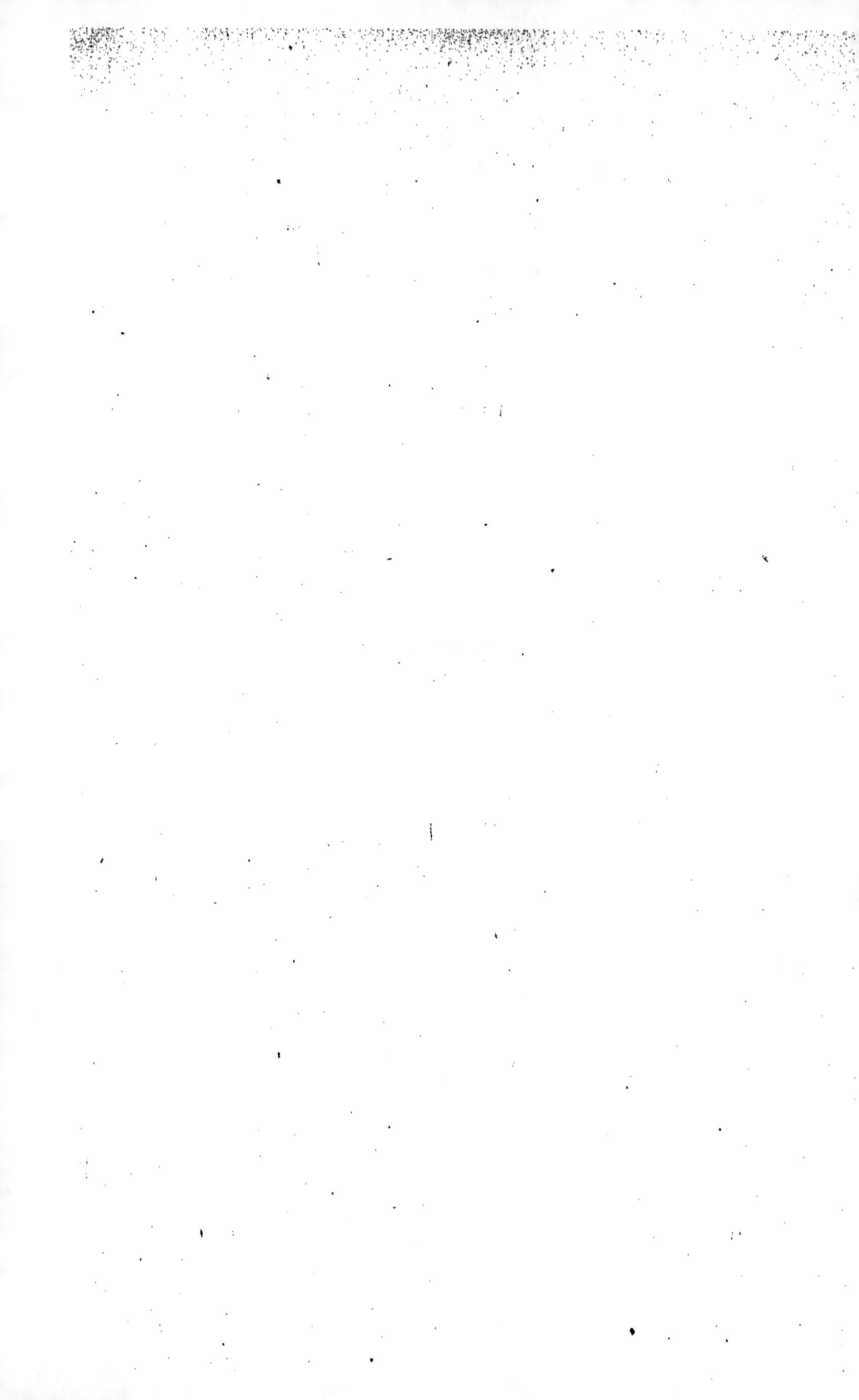

DROIT ROMAIN.

DE L'USUCAPION.

(Dig., liv. xli, tit. iii.)

NOTIONS GÉNÉRALES SUR L'USUCAPION.

1. L'usucapion était, à Rome, un moyen d'acquérir la propriété par une possession continuée pendant un certain temps déterminé par la loi : « *Usucapio est adjectio dominii per continuationem possessionis temporis lege definiti* » (Modestin, l. 3, XLI, iii), ou, d'après Ulpien, « *dominii adeptio per continuationem possessionis anni vel biennii* » (Reg., xix, § 8).

Cette institution semble tout d'abord opposée à l'équité naturelle, qui ne permet pas que l'on dépouille quelqu'un à son insu, et aussi au droit des gens, suivant lequel le domaine se transfère seulement par la tradition de la chose que le propriétaire capable consent à aliéner. Les reproches que l'on pourrait adresser à l'usucapion, en s'appuyant sur ces motifs, ne sont toutefois fondés qu'en apparence, car ce mode d'acquérir offrit à la société romaine d'incontestables

1

avantages en faisant cesser toute incertitude dans la propriété ; aussi l'a-t-on appelée la patronne du genre humain, « *patrona generis humani.* »

2. L'origine de l'usucapion est fort ancienne ; elle remonte à la loi des Douze Tables, dont, d'après deux passages de Cicéron (1), on croit pouvoir recomposer ainsi le texte qui y a trait : « *Usus auctoritas fundi biennium, cæterarum rerum annus usus esto.* » Il est probable qu'elle existait à Rome même avant cette époque (2), car les lois romaines en parlent comme d'une garantie nécessaire à la paix et à l'ordre public : « *Bono publico usucapio introducta est, ne scilicet quarumdam rerum dici et fere semper incerta dominia essent, cum sufficeret dominis ad inquirendas res suas statuti temporis spatium* (3). » Justinien, dans ses Novelles, appelle, il est vrai, la prescription « *impium præsidium ;* » mais il ne parle alors que des usurpateurs des biens de l'Église : « *Ne iniquis hominibus impium remaneat præsidium et tutus peccandi locus, etiam scientibus, relinquatur.* »

3. Les mots *usus auctoritas* dont parle le texte de Cicéron que nous avons rappelé, bien que l'on ne soit pas complétement d'accord sur leur sens, désignent probablement l'usage, la possession exigée par la loi pour pouvoir résister à l'éviction, et signifient, dans un sens particulier et dans la vieille langue du droit,

(1) Cicér., Top., 4 ; Pro Cæcin., 19.

(2) Elle fut aussi établie de bonne heure en Grèce ; car Démosthènes, dans son plaidoyer pour Pharinon, parle d'une prescription tirée des lois de Solon.

(3) L. 1, ff., Dig., *De usuc. et usurp.*

d'après M. Ortolan (1), *garantie contre l'éviction (de dictione cautio)*.

4. Le délai fixé par la loi des Douze Tables fut, comme nous venons de le voir, d'un an pour les meubles et deux ans pour les immeubles. Ces délais étaient fort courts ; mais, à l'époque où ils furent créés, le territoire de la république était, comme l'observe Montesquieu (2), fort peu étendu, le propriétaire avait toutes facilités pour retrouver sa chose, et, s'il avait été absent pour une juste cause, il avait le bénéfice de la *restitutio in integrum* (3). Lorsque l'empire romain embrassa presque tout le monde connu, des modifications au système primitif devinrent de toute nécessité ; l'usucapion d'un an et deux ans se changea en prescription de trois ans ou de dix et vingt ans, et même quelquefois en prescription trentenaire et de cent ans.

5. Ces explications préliminaires nous ont paru indispensables pour le but que nous nous proposons d'atteindre. Ce but consiste à retracer, aussi complétement que les limites restreintes de notre cadre nous le permettent, l'institution de l'usucapion et à la suivre dans ses diverses applications et dans sa marche historique, depuis son origine jusqu'après Justinien. Pour plus de clarté, nous croyons devoir diviser ce travail en quatre parties. Dans un premier chapitre, nous verrons quelles étaient la nature et les effets de l'usucapion ; dans le deuxième, nous traiterons des choses

---

(1) Explication : Hist. des Inst. de Justinien, p. 335.

(2) Grand. et Décad. des Romains.

(3) Paul, sent. vii, tit. ii. — L. 36, et i, § 1, Dig., *In quib. caus. maj.*

qui peuvent être usucapées; dans le troisième, des
conditions requises pour usucaper; le quatrième sera
consacré à étudier les différentes circonstances qui
peuvent interrompre l'usucapion; enfin, à la suite de
cette partie, nous signalerons rapidement les prescriptions introduites par les constitutions impériales.

CHAPITRE PREMIER.

DE LA NATURE ET DES EFFETS DE L'USUCAPION.

6. L'usucapion était un moyen d'acquérir du droit civil, « *jure civili constitutum,* » d'après Justinien (1); les étrangers n'en pouvaient pas bénéficier, ainsi que la loi des Douze Tables le déclare elle-même formellement : « *Adversus hostem æterna auctoritas esto* (2). » Les étrangers avaient, en effet, avec les citoyens la *communio juris gentium,* mais non la *communio juris civilis.* L'usucapion s'appliquait aux meubles, quelle que fût leur situation, tandis qu'on ne pouvait acquérir, par ce moyen, que les immeubles jouissant du *jus italicum* : « *Si immobilis, biennio, tantum in italico solo.* »

7. De ce principe que l'usucapion était de droit civil, il résulte encore que le citoyen prisonnier chez l'ennemi ne pouvait ni commencer une usucapion ni la continuer lorsque la chose qu'il s'agissait d'usucaper était déjà en son pouvoir avant sa captivité. La loi des Douze Tables interdisait en effet l'usucapion à l'étranger; la captivité d'un citoyen pris à la guerre lui faisait perdre son droit de cité. De plus, la fiction du *postliminium* ne lui profitait pas sous ce rapport, parce qu'elle ne s'appliquait qu'aux choses *de droit,*

(1) *Inst.,* liv. II, tit. vi, *prœm.*

(2) On sait qu'à cette époque les mots *hostis* et *peregrinus* étaient synonymes.

les choses de fait demeurant en dehors de son application ; or la possession était considérée comme chose
de fait : « *Possessio autem plurimum facti habet ;
causa vero facti non continetur postliminio* (1). »

8. Il existait toutefois un cas où le captif pouvait
commencer à usucaper pendant son séjour en pays
ennemi : c'était quand son esclave ou son fils acquérait une chose *ex peculiari causa ;* en effet, à Rome,
le père de famille ou le maître pouvait ainsi, à son
insu, acquérir la possession d'une chose, par l'intermédiaire de ceux qui étaient placés sous leur puissance. Ce *jus singulare*, comme l'appelle Papinien (2),
fut introduit, d'après ce jurisconsulte, *utilitatis causa*,
dans le but de ne pas forcer le père ou le maître de
s'occuper à chaque instant des opérations que le fils de
famille ou l'esclave pourrait faire sur son pécule. L'intention du père ou du maître ne fait du reste pas complétement défaut ; car, lorsqu'il a constitué un pécule,
la loi lui suppose l'intention tacite d'acquérir ce qui
en proviendra. Si donc nous appliquons ce que nous
venons de dire au cas de possession d'une chose par
le fils ou l'esclave d'un captif, nous déciderons, comme
nous l'avons fait plus haut, que celui-ci usucapera
valablement. Cette exception au principe général en
vertu duquel, si la possession peut être acquise *cor-
pore alieno*, elle ne peut l'être *animo alieno*, résulte
de la loi 29 au Dig., *De captiv. et postlim.*, dans laquelle Paul réfute l'opinion de Labéon qui disait : « *Si*

(1) L. 19, Dig., *De quib. caus.*
(2) L. 44, § 1, Dig., *De acquir. vel amitt. poss.*

postliminio rediisti, *nihil dum in hostium potestate fuisti, usucapere potuisti.* »

Les héritiers du citoyen mort prisonnier chez l'ennemi pouvaient invoquer l'usucapion qu'il avait commencée antérieurement. En effet, Paul fait observer que ce Romain est toujours censé mort du jour où il a été pris par les ennemis ; il n'a donc pas cessé de posséder, et, après lui, l'hérédité jacente a continué cette possession en son nom ; pourtant la fiction de la loi Cornélia ne s'appliquait, suivant Ulpien, que lorsqu'il s'agissait de faire valoir le testament du captif et de lui donner un héritier. Marcellus et Paul étaient de l'avis que nous venons d'émettre ; ce dernier disait seulement que la négative pouvait se soutenir par la raison que si le captif était revenu, l'usucapion ne lui eût pas profité, et que ses héritiers ne peuvent pas avoir plus de droits qu'il n'en aurait eus lui-même ; mais, en somme, il pensait comme Marcellus, et c'est lui-même qui a donné l'avis que nous avons cité.

9. Pour pouvoir usucaper, il fallait être *paterfamilias*. Dans l'ancien droit, le fils de famille était incapable d'avoir aucune propriété à lui, et ne pouvait usucaper que pour le compte de son père ; mais, comme plus tard on lui accorda la pleine propriété des pécules castrens et quasi-castrens, et la nue propriété du pécule adventice, il devint capable d'usucaper pour lui-même, et, sous Justinien, ce fut seulement dans le cas du pécule profectice qu'il usucapait encore pour son père.

A l'égard d'un pupille qui est encore *infans*, ou plutôt sans intelligence, il semble impossible d'admet-

tre que la possession puisse lui être acquise, à moins
qu'il ne possède par l'intermédiaire de son esclave et
que la chose n'ait été livrée à celui-ci à l'occasion de
son pécule. Ce que nous venons de dire du pupille
s'applique également au furieux.

10. Jusqu'à Sévère et Antonin on usucapait par son
esclave ou par celui d'autrui, et même par l'homme
libre qu'on possédait de bonne foi. Ces deux empereurs
décidèrent, par une constitution, qu'on pouvait acquérir la possession par procureur; mais il est indispensable, d'après cette constitution, que l'on ait eu
connaissance certaine que la chose a été livrée au procureur : *Postquam scientia intervenerit usucapionis
conditionem inchoari posse* (1).

Une succession vacante ne pouvait pas usucaper,
d'après le droit romain; cependant Papinien, après
avoir énoncé ce principe, ajoute qu'on avait admis
que l'usucapion commencerait à courir même avant
l'adition d'hérédité pour les acquisitions faites par l'esclave héréditaire, et cela par exception aux principes
ordinaires.

L'hérédité continuant la personne du défunt, l'usucapion que celui-ci aura commencée de son vivant
pourra s'accomplir avant l'adition d'hérédité.

11. En résumé, les personnes qui pouvaient usucaper étaient :

1° Le *paterfamilias*, qui pouvait le faire par lui-
même, par son esclave, par celui d'autrui et par
l'homme libre qu'il possédait de bonne foi, et, depuis

(1) L. 1, au Code, *De acquir. et retin. poss.*

Sévère et Antonin , par procureur, dès qu'il savait que la chose était entre les mains de celui-ci ;

2° Le *fils de famille*, qui pouvait usucaper pour tout ce qui faisait partie des pécules dont il était propriétaire , c'est-à-dire, sous Justinien, pour tout ce qui ne provenait pas des deniers de son père;

3° Le *pupille* usucapait par son esclave si la chose avait été livrée à celui-ci en raison de son pécule ou par lui-même , s'il avait commencé à posséder avec intention et sachant ce qu'il faisait ;

4° Le *furieux*, dans les mêmes conditions.

5° *Les héritiers du captif mort chez l'ennemi* et qui auparavant avaient commencé à usucaper (cette opinion n'était pas toutefois admise sans quelque controverse) ;

6° *La succession vacante*, même avant l'hérédité , pour les choses possédées par le défunt, ou *jure singulari* pour celles possédées par l'esclave héréditaire.

12. Maintenant, dans quelles circonstances l'usucapion pouvait-elle s'accomplir ? C'est ce que nous allons examiner, tant à l'époque de Justinien qu'à l'époque classique des jurisconsultes.

Dans l'ancien droit romain, l'usucapion, dit M. Demangeat, avait des applications distinctes :

1° Elle faisait acquérir le domaine d'une chose *mancipi* qui, n'ayant été mise entre les mains de l'acquéreur que par la tradition, était entrée seulement *in bonis accipientis*. Jusqu'à ce que l'usucapion eût été accomplie, le détenteur n'était que possesseur ; il ne devenait propriétaire qu'après la possession prolongée pendant le temps prescrit : « *Semel impleta usuca-*

pione, proinde pleno jure incipit, id est in bonis, et ex jure quiritium, tua res esse ac si ea mancipata vel in jure cessa esset, » dit Gaïus (1).

2° Elle procurait également le domaine d'une chose qu'on avait reçue de bonne foi de quelqu'un qui n'en était pas propriétaire ; peu importait que la chose fût *mancipi* ou *nec mancipi*, pourvu qu'elle eût été livrée *ex justa causa*. « *Etiam earum rerum usucapio nobis competit quæ non a domino nobis traditæ fuerint,* sive mancipi *sint eæ res,* sive nec mancipi, *sive modo eas bona fide, acceperimus cum crediderimus eum qui tradiderit dominum esse. Quod ideo receptum videtur ne rerum dominia diutius in incerto essent, cum sufficeret domino, ad inquirendam rem suam anni aut biennii spatium, quod tempus ad usucapionem possessori tributum est* (2). »

13. Entre ces deux cas, il existe des différences et des points de ressemblance sur lesquels il est important de s'arrêter.

Dans l'un comme dans l'autre, dit M. Demangeat (3), la tradition doit avoir été faite *ex justa causa*, c'est-à-dire en exécution d'un acte qui révèle l'intention d'aliéner ; la possession doit avoir duré un an ou deux, suivant qu'il s'agit d'un meuble ou d'un immeuble ; enfin, si celui qui est *in causa usucapiendi* perdait la chose, il aurait, d'après le droit prétorien, l'action publicienne pour la recouvrer.

(1) ii, § 41.
(2) Gaïus, ii, §§ 43 et 44, Comp. Inst. de Justin., pr., *De usuc.*, ii, 6.
(3) Tr. élém. de droit romain.

Tels sont les trois points de ressemblance; voici maintenant les différences, il y en a deux : 1° la bonne foi étant l'erreur qui consiste à croire que celui qui livre est propriétaire de la chose, il ne peut en être question dans le premier cas ; dans le deuxième, au contraire, elle est exigée de l'*accipiens* ; 2° dans le premier cas, si le *tradens* ou son ayant-cause revendiquait contre l'*accipiens* avant que l'usucapion fût complète, celui-ci le repousserait par l'exception *rei venditæ et traditæ:* il a la chose *in bonis*, en un mot presque tous les avantages de la propriété (1).

14. Pour bien saisir ce que nous venons de dire, il est indispensable de connaître la grande distinction que le droit romain, à l'époque classique, fait entre les choses *mancipi* et *nec mancipi*. Ulpien (2) range parmi les choses *mancipi* : 1° tous les héritages urbains ou ruraux situés en Italie; 2° les servitudes rurales (*iter, actus, viæ*), droits d'aqueduc et autres ; 3° les esclaves et bêtes de somme *quæ collo dorsove domantur*. Ces biens étaient appelés *mancipi quod quasi manu caperentur*, parce que seuls ils pouvaient passer en la puissance de l'acquéreur au moyen de l'aliénation qui s'en faisait par la fiction *per æs et libram*, que l'on appelait *mancipatio*. Toutes les autres choses étaient *nec mancipi;* tels étaient les immeubles situés hors de l'Italie,

___

(1) « Cependant, » fait observer M. Demangeat, « s'il s'agit d'un esclave, en l'affranchissant il le fait seulement latin, non citoyen romain ; si l'esclave ainsi affranchi doit être en tutelle, il n'a pas la tutelle; enfin il ne pourrait pas léguer *per vindicationem* la chose qu'il a seulement *in bonis*. »

(2) Ulp., *Regul.*, tit. xix, § 1.

les chameaux et les éléphants (parce qu'ils avaient, sous le rapport physique, un caractère étranger), l'or, l'argent, les pierres précieuses et pierreries, les chiens et animaux sauvages apprivoisés, *fere bestiæ quarum dominium abscedit dum custodiam effugiunt*, et les choses incorporelles en général, sauf, comme le dit Gaïus (1), les servitudes rurales.

15. La tradition transmettait la pleine propriété des choses *nec mancipi*, sauf celle des fonds provinciaux, qu'on ne possédait, pour ainsi dire, que comme fermier ou locataire du peuple romain ou de l'empereur, auquel on payait même un tribut annuel. Elle ne faisait que mettre la chose dans les biens de l'acquéreur *in bonis*. Celui-ci était appelé, à cause de cela, *dominus bonitarius*, *quasi rem in bonis habens*. Cette propriété était imparfaite et ne donnait que les actions utiles que le préteur accordait par équité, « *quibus rei commoditatem percipiebat.* » Quant aux choses *mancipi*, il fallait, pour avoir le domaine naturel et civil tout ensemble, les avoir acquises à l'aide des formalités que la loi prescrivait. Où en était alors le *dominus jure quiritium ?*

16. Nous venons de voir ce que c'était que l'usucapion chez les anciens Romains. Nous examinerons dans l'un des chapitres suivants quelles conditions spéciales elle exigeait; mais nous pouvons dès à présent résumer en quelques mots tout ce que nous avons déjà dit.

L'usucapion ou prescription de l'ancien droit romain, une fois accomplie après un an ou deux de posses-

(1) Gaïus, ii, 17.

sion, transférait le domaine quiritaire, *plenum jus quiritium* (1), mais elle ne s'appliquait qu'aux fonds italiques.

17. Ce système n'était tolérable qu'à l'époque de la loi des Douze Tables, où les limites du territoire romain étaient fort restreintes; mais, quand elles se furent étendues et qu'il arriva que le possesseur d'un bien provincial eut détenu celui-ci pendant un certain temps, on trouva juste et nécessaire, dit Domat (2), d'étendre, dans une certaine mesure, aux provinces une institution qui produisait d'excellents résultats près de la capitale. Ce fut alors que l'on permit à ceux qui avaient possédé pendant dix ou vingt ans, selon le cas, des fonds provinciaux, de repousser l'action en revendicatio   » un moyen de défense qu'on nomma *præscriptio,*   qui sert à désigner spécialement l'exception qui   e du laps de temps.

C'   à l'époque de la procédure formulaire qu'il faut remonter pour trouver l'étymologie du mot *præscriptio*. Lorsque le préteur condamnait quelqu'un à faire, à donner, à délaisser, etc., il rendait une formule pure et simple ; mais si le défendeur avait une exception de possession suffisante pour combattre la demande en revendication, il demandait au magistrat et en obtenait toujours une addition à la formule primitive. Elle était ainsi conçue : « *Ea res agatur cujus non longa possessio sit.* » Cette deuxième formule était placée, écrite, avant la première *(præ-*

(1) Gaïus, *Inst.*, comm. ii, § 41.
(2) Tr. de la prescr.

scripta) ; on la nomma *præscriptio*. Ce mot survécut aux formules et s'est perpétué jusqu'à nous à travers les siècles.

18. Comme les fonds provinciaux, sauf ceux auxquels le *jus italicum* avait été concédé, n'étaient pas susceptibles d'une propriété parfaite, cette *præscriptio longi temporis* commença par être seulement une exception, un moyen de défense pour éviter l'éviction. Pour pouvoir en bénéficier il fallait juste titre, bonne foi, possession prolongée pendant le temps prescrit, conditions également requises pour l'usucapion. Le délai de l'usucapion était d'un an pour les meubles et de deux pour les immeubles, tandis que ceux requis pour pouvoir opposer la prescription étaient de dix ans, quand le propriétaire et le possesseur étaient domiciliés dans la même province, et de vingt dans le cas contraire. On disait que la prescription de dix ans avait lieu entre présents, et celle de vingt entre absents.

19. Celui qui acquiert une chose par usucapion l'acquiert dans l'état où elle se trouvait dans les mains du propriétaire ; les hypothèques subsistent. Celui qui usucape pour affermir une possession vicieuse ne peut être mieux traité que s'il avait eu la chose du véritable propriétaire et conformément au droit ; le possesseur de long temps, au contraire, pouvait se défendre contre toute action en revendication ou hypothécaire ; aussi, pour obtenir ce résultat, on appliqua la prescription aux immeubles italiques et aux meubles (1). On vit en effet souvent le possesseur

---

(1) LL. 3 et 9, Dig., *De div. temp. præscr.*

d'un domaine quiritaire invoquer l'usucapion pour
devenir propriétaire de son immeuble, et la prescription pour le dégrever des charges qui l'affectaient.

La prescription enlevait donc toutes les charges,
tandis que l'usucapion les laissait subsister. La chose
ne fait aucun doute, au moins à l'égard des hypothèques ; mais je crois que la prescription, outre les hypothèques, effaçait encore les droits d'usufruit et de
servitude, et en cela elle paraissait tout d'abord ne
pas différer de l'usucapion, car, au moins à l'époque
des jurisconsultes, les servitudes se perdaient par
deux ans *(biennio)* de non-usage. Or il semble
impossible de concilier les actes de possession continue que devait faire l'usucapant pour devenir propriétaire avec le maintien de l'usufruit appartenant à un
tiers qui a dû jouir pour conserver son droit. Par
conséquent, on est naturellement porté à conclure que
l'usucapion, de même que la prescription, effacent les
droits d'usufruit et de servitude ; cependant cette décision ne serait pas toujours vraie, car l'usufruit ne
s'éteint qu'à défaut de tout acte de jouissance exercé
de la part de l'usufruitier. Le moindre acte par lequel
il aura manifesté son droit suffira pour le lui conserver ; il peut donc très-bien avoir assez fait pour
conserver son usufruit, sans avoir pour cela empêché la possession *ad usucapionem*. D'autre part,
si l'usufruitier a été dans l'impossibilité d'exercer son
droit, comme cela peut avoir lieu assez souvent, dans
le cas, par exemple, d'usufruit constitué *ex die* ou
sous condition suspensive, il serait souverainement
injuste de le condamner à perdre son droit. Un tel

résultat n'avait pas lieu, bien que, dans tous les cas,
l'usucapion pût librement s'effectuer. Enfin l'on peut
encore admettre l'hypothèse d'une vente que l'usufruitier a faite de son droit et dont il a touché le prix ;
si, dans ce cas, l'acheteur n'exerçait pas son droit,
l'usufruit se maintenait malgré cela à l'égard du vendeur, qui, en jouissant du prix qui représentait l'usufruit, était censé jouir de l'usufruit lui-même (1).

20. Il est donc certain, d'après ce que nous venons
de dire, que l'usucapion pouvait s'accomplir sans que
la servitude constituée sur le fonds en fût atteinte.
La possession de dix à vingt ans, au contraire, pouvait
annihiler un usufruit constitué à terme ou sous condition, sans qu'il fût nécessaire pour cela que le terme
fût échu ou la condition accomplie. Le même effet se
produisait à l'égard d'une servitude ou d'un droit d'u-
sufruit légué pour être exercé *alternis annis*, par
exemple tous les deux ans. Pour qu'un droit de cette
sorte pût s'éteindre, il fallait un temps de non-
usage double de celui exigé pour l'usucapion, c'est-à-
dire quatre ans. Si donc le fonds grevé d'une charge
semblable venait à être usucapé, la charge subsis-
tait, tandis que la prescription de long temps l'anéan-
tissait.

21. Cette différence entre l'usucapion et la prescription de long temps est très-importante, mais il nous
reste à en signaler deux autres également considérables. La première se présente au point de vue des
actions : l'usucapion accomplie donnait une *action*

(1) LL. 58 et 59, Dig., *De usufr.*

directe à celui qui avait acquis par ce moyen de droit
le domaine quiritaire; la prescription, à l'origine, ne
donnait lieu qu'à une exception. Ainsi le possesseur
qui avait perdu la chose ne pouvait pas la revendiquer. Ce résultat ayant paru fort rigoureux, la revendication *utile* lui fut accordée, à l'époque des jurisconsultes. C'est ce qu'Ulpien nous dit en ces termes:
« *Si quis diuturnorum et longa quasi possessione
jus aquæ ducendæ nactus sit, non est ei necesse docere
de jure quo aqua constituta est, veluti ex legato vel
alio modo ; sed utilem habet actionem* (1). » De plus,
Justinien confirme cette règle dans une de ces constitutions insérées au Code, où il rappelle qu'elle était
déjà adoptée par les grands jurisconsultes anciens et
plusieurs des empereurs, ses prédécesseurs : « *Hoc
enim et veteres leges (si quis eas recte inspexerit) san-
ciebant.* »

22. En envisageant l'usucapion et la *præscriptio longi
temporis* au point de vue de l'interruption par l'action
en justice, on trouve la dernière différence que nous
avons à signaler entre ces deux institutions. L'action
intentée par le propriétaire n'interrompait pas la première , parce que l'usage de la chose avait continué
jusqu'au jour du jugement et que l'usucapion n'était
autre chose que l'usage durant le temps prescrit par la
loi. La prescription se trouvait, au contraire, interrompue en pareil cas si, à l'instant du procès où elle
aurait dû être opposée, le temps exigé pour la rendre
parfaite n'était pas écoulé, et cela était une conséquence

(1) L. 10, Dig., *Servit. vindic.*

logique de ce qu'elle n'était qu'une exception, qui devait
être opposée au moment de la *litis contestatio*.

23. Nous pouvons résumer en quelques lignes les
différences que l'étude que nous venons de faire nous
a montrées exister entre l'usucapion et la prescription
de long temps :

1° L'usucapion, étant un mode d'acquérir du droit
civil, n'avait d'effet qu'à l'égard des citoyens romains
et ceux auxquels le *commercium* avait été conféré,
encore cela n'avait-il lieu que pour les biens dont on
pouvait avoir le *dominium ex jure quiritium*; la
prescription de long temps s'appliquait aux fonds
provinciaux principalement ;

2° L'usucapion laissait subsister l'hypothèque et
l'usufruit, la prescription éteignait ces droits réels ;

3° L'usucapion produisait l'action en revendication,
tandis qu'à l'origine la prescription ne procurait qu'une
exception, à laquelle on ajouta plus tard l'action utile;

4° Au point de vue du délai, l'usucapion exigeait
un an de possession pour les meubles et deux pour les
immeubles ; la prescription, dix ans entre présents et
vingt entre absents ;

5° L'usucapion n'était pas interrompue par l'action
du propriétaire, tandis qu'il en était autrement de la
prescription de long temps.

24. Après avoir vécu parallèlement pendant plusieurs
siècles, l'usucapion et la prescription de long temps
furent, sous Justinien, confondues, portées au même
terme et appliquées aux mêmes biens. Toutefois l'on
trouve plutôt dans les grands monuments juridiques
édifiés sous ce prince le mot usucapion employé à

l'égard des meubles, et celui de prescription à l'égard des immeubles. Déjà, longtemps avant cette époque, l'on s'était aperçu que la séparation des domaines civil et naturel était une subtilité illogique ; que le délai si restreint dans lequel la loi des douze Tables avait renfermé l'usucapion, suffisant à l'époque où les plus grands hommes de la république ne possédaient que quelques champs peu étendus qu'ils cultivaient eux-mêmes, était pour ainsi dire dérisoire en présence des fortunes immenses des patriciens de l'époque impériale, qui, alors même qu'ils n'eussent pas été livrés pour la plupart à la paresse et à l'insouciance, n'auraient pu en si peu de temps connaître et démêler leurs affaires.

Un autre motif vint , croyons-nous , longtemps même avant Justinien, se joindre à celui-ci pour démontrer la nécessité d'augmenter la durée de la possession nécessaire pour acquérir; le voici : l'idée de la propriété, chez un peuple primitif, se confond en général assez volontiers avec celle de possession, d'occupation, qui est évidemment le mode originaire, véritablement naturel, d'acquisition de la propriété; les lois, par une conséquence nécessaire et fatale, se ressentent de cet état des mœurs et le consacrent par de courtes prescriptions. Lorsqu'au contraire la société est complétement constituée, l'habitude de considérer ce que l'on occupe comme à soi, alors même que l'on sait qu'on n'en est pas réellement propriétaire, tend à disparaître; les particuliers sentent que l'acquisition par la prescription n'est en somme qu'une espèce de vol, et les législateurs, qui sont obligés de la conserver comme indispensable à l'ordre public, en reculent autant que possible les limites.

25. Justinien supprima la distinction des domaines civil et naturel, les formalités pour l'acquisition de la propriété admise jusqu'à lui, et admit la translation parfaite de la propriété par la tradition accompagnée d'une juste cause. Il fit aussi disparaître la distinction qui existait entre les choses *mancipi* et *nec mancipi*, et déclara que l'usucapion et tous ses avantages s'appliqueraient aux fonds provinciaux comme aux fonds italiques, par une possession qui serait de trois ans pour les meubles et dix ou vingt ans pour les immeubles (1). Les possesseurs des fonds provinciaux en devenaient propriétaires, tout en payant, comme autrefois, un tribut annuel au peuple romain ; tandis qu'avant Justinien ils ne les détenaient qu'au nom du peuple romain et de l'empereur, qui en avaient le domaine supérieur. A partir de ce moment, l'usucapion n'est plus nécessaire que pour acquérir une chose reçue *a non domino*.

L'on voit, par ce que nous venons de dire, que ni l'usucapion ni la *præscriptio longi temporis* ne sont, à proprement parler, conservées sous Justinien ; mais nous avons déjà fait remarquer et nous rappelons ici que, sous cette nouvelle législation, le terme d'usucapion est plutôt employé à l'égard des meubles, et celui de prescription à l'égard des immeubles.

26. Une controverse s'est élevée à ce sujet sur le point de savoir si l'on doit, dans le droit de Justinien,

(1) Loi unique, Code, *De usuc. transform.*

appliquer aux meubles les règles de l'ancienne usucapion, et aux immeubles celle de la prescription de
long temps. De savants jurisconsultes soutiennent l'affirmative; mais la négative a aussi ses partisans, parmi
lesquels on compte M. Demangeat (1). « Je suis plutôt
porté à croire, dit ce professeur, qu'il faut toujours appliquer les principes de l'ancienne usucapion; que, sauf
en ce qui concerne le délai, Justinien a entendu les consacrer d'une manière générale. Cela me paraît ressortir
avec évidence des expressions mêmes qu'il emploie aux
Institutes : « *Constitutionem super hac provulgavimus
qua cautum est ut res quidem mobiles per triennium,
immobiles vero per longi temporis possessionem.....
usucapiantur* (2). »

27. Telles furent les modifications que l'usucapion et
la possession de long temps subirent en droit romain ;
plusieurs autres prescriptions moins importantes furent introduites, ainsi que nous l'avons dit, par diverses constitutions impériales ; la fin de ce travail
leur sera consacrée.

(1) Tr. élém. de droit romain, t. Ier, p. 527.
(2) Constitution formant la loi unique au Code *De usucap. transf.*

CHAPITRE II.

QUELLES CHOSES PEUVENT ÊTRE USUCAPÉES.

28. Pour que l'on puisse acquérir une chose au moyen de l'usucapion, il faut que cette chose soit dans le commerce, sans pour cela qu'on puisse dire que tout ce qui est dans le commerce peut être usucapé; mais les hommes libres, les choses sacrées ou religieuses, les choses publiques du peuple romain, etc., ne peuvent être prescrits.

L'obstacle que la loi civile oppose à la prescription est ou exprès ou tacite : ainsi, quand elle déclare un objet inaliénable, soit complétement, soit sans l'emploi de certaines formalités, elle défend implicitement de l'usucaper, car, comme nous l'avons déjà fait observer, l'usucapion est une sorte d'aliénation (1), puisque le propriétaire pourrait laisser usucaper en n'agissant pas en temps utile contre le possesseur. C'était, du reste, l'avis formel du jurisconsulte Paul (2).

Parmi les biens à l'usucapion desquels la loi ne s'oppose que tacitement, nous pouvons citer, à titre d'exemple, les biens des églises et aussi les biens dotaux, qui ne peuvent être prescrits, à moins que la prescription n'ait commencé à courir avant que le fonds dotal ne soit frappé d'inaliénabilité.

29. Les biens des pupilles et ceux des mineurs de

(1) *Videtur alienare qui patitur usucapi.*
(2) L. 28, Dig., *De verbor. significatione.*

vingt-cinq ans ne pouvaient pas non plus être usucapés. Cela résulte de la loi 3 au Code, *Quib. non objic. long. temp.*, ainsi conçue : « *Non est incognitum quod in minore ætate transmissum est, longi temporis possessione ea non imputari; tunc enim currere incipit, quando ad majorem ætatem dominus rei pervenerit.* » Pourtant, à l'égard de ces derniers biens, quelques distinctions de temps sont nécessaires, car ils subirent, à diverses époques du droit romain, des changements importants.

Occupons-nous d'abord des pupilles. La loi 7, § 3, liv. XLI, tit. IV, *Pro emptore*, semble ne défendre d'usucaper la chose d'un pupille que lorsque cette chose est furtive ; elle est, en effet, conçue en ces termes : « *Si tutor rem pupilli subripuerit et vendiderit, usucapio non contingit priusquam res in pupilli potestatem redeat* (1). L'on voit que cette loi paraît, en somme, autoriser formellement l'usucapion de la chose du pupille, puisqu'elle ne fait qu'une seule exception à l'égard de la *res furtiva*.

Mais la loi 48 pr., Dig., liv. XLI, tit. Ier, *De acquir. rer. dom.*, nous dit : « *Nec interest ea res quam bona fide emi, longo tempore capi possit necne, veluti si pupilli sit.* » Ce passage semble prouver, contrairement au précédent, que l'usucapion n'a pas lieu contre un pupille.

Si ce texte était le seul qui consacrât l'imprescriptibilité des biens des pupilles, on pourrait hésiter entre cette opinion et l'avis contraire, d'autant plus que les

_____

(1) *V.* aussi l. 56, § 4, Dig., *De furtis.*

basiliques disent : τοῦ δήμου, c'est-à-dire *si populi sit*, et non *si pupilli sit;* mais la loi 10 pr., Dig., liv. VIII, tit. VI, *Quemad. servit. amitt.*, s'exprime ainsi : « *Si communem fundum ego et pupillus haberemus, licet uterque non uteretur, tamen propter pupillum et ego viam retinebo.* » Ces divers textes se contredisent donc formellement, et la question, bien que très-importante, n'a jamais, comme l'observent tous les auteurs, été tranchée d'une manière positive. Le plus illustre de nos jurisconsultes, Cujas, faisait observer que dans la loi 10, *Quemad. servit. amitt.*, Paul, à propos de la perception des fruits, parle d'un terrain, tandis que tous les autres textes s'occupent d'objets volés, c'est-à-dire de meubles. Il en conclut que l'usucapion des meubles était admise et celle des immeubles prohibée.

Quant à nous, la solution la plus logique nous semble être celle-ci : toute chose qui n'est pas aliénable sans l'emploi de certaines formalités est imprescriptible, tandis que l'usucapion est possible à l'égard des autres biens du pupille. Ainsi les *prædia rustica* ou *suburbana*, qui ne peuvent être aliénés sans un décret du magistrat, ne sont évidemment pas susceptibles d'usucapion. L'opinion que nous venons d'émettre est celle de plusieurs jurisconsultes distingués, notamment celle de M. Demangeat (1). Tous les autres biens des pupilles peuvent être usucapés, sauf l'*in integrum restitutio*, qui, à partir des empereurs Honorius et Théodose, n'a pas lieu d'être appliquée, parce que ni l'usu-

---

(1) Tr. élém. de droit romain, t. I, p. 511.

capion ni la prescription ne courent plus contre les pupilles.

30. A l'égard des mineurs de vingt-cinq ans, nous avons à distinguer deux sortes de prescriptions : les premières sont de trente ans et davantage, les secondes sont de moins de trente ans. Dans l'ancien droit, certaines prescriptions couraient contre les mineurs de vingt-cinq ans, sans que ceux-ci pussent jamais se faire restituer; d'autres, au contraire, avec espoir de restitution; enfin, il en existait d'autres encore qui ne couraient point durant la minorité. Pendant très-longtemps, du moins encore sous les empereurs Dioclétien et Maximien, la *restitutio in integrum* exista à leur profit (1).

Mais une autre loi au Code, la loi 3, *In quib. caus. in integr. restit. necess. non est*, liv. II, tit. xli, décide que la prescription de moins de trente ans ne courra pas contre les mineurs dans les cas où, d'après l'ancien droit, ils pourraient être restitués; cette loi est de Justinien, qui pense qu'il vaut mieux défendre les droits de ces mineurs que d'avoir à chercher un remède à leur égard, alors qu'ils sont déjà atteints : « *Melius est*, dit-il, *eorum jura intacta servire, quam post vulneratam causam remedium quærere.* »

A partir du règne d'Honorius et de Théodose, ni l'usucapion, ni la prescription de long temps, ni celle de trente ans, ne coururent contre les pupilles : « *Non sexus fragilitate, non absentia, non militia, contra hanc legem defendenda, sed pupillari ætate dun-*

---

(1) Constitution formant la loi 1 au Code, liv. II, tit. xxxvi.

taxat. » Il n'y a, par conséquent, plus lieu sous les empereurs à la *restitutio in integrum.*

31. Les mineurs de vingt-cinq ans sont, d'après l'avis unanime, soumis à la prescription de trente ans : mais jouissent-ils, en ce cas, du bénéfice de la *restitutio in integrum?* Les opinions sont différentes sur cette dernière question. La négative est soutenue et l'affirmative compte aussi des partisans, et même de très-nombreux. Nous nous déclarons pour la négative, que nous appuyons de la loi 3 au Code, liv. VII, tit. xxxix : *De presc. trig. vel quad. ann.* D'après ce texte, en effet, la prescription de trente ans court contre tout le monde, *sauf contre les pupilles.* La *fragilitas sexus* et les autres causes qui s'opposent ordinairement à la prescription ne sont pas prises en considération, mais seulement l'âge du pupille, « *pupillari tantum ætate.* » La prescription de trente ans devait, dès que le pupille était devenu pubère, commencer à courir contre lui : « *Nam, cum ad eos annos pervenerint, qui ad sollicitudinem pertinent curatoris, necessario eis, similiter ut aliis annorum triginta intervalla servanda sunt.* » L'opinion que nous venons d'exprimer était celle de Dupérier (liv. I, question iv), qui fait observer que les mots *ut aliis* donnent à la prescription contre les mineurs le même effet que contre les non-privilégiés.

Nous voyons aussi, dans la loi 5 au Code, liv. II, tit. xli, *In quib. caus. in integr. restit. necess. non est,* que Justinien déclare que, dans tous les cas où les mineurs pourraient être relevés de la prescription temporaire, celle-ci ne courra plus contre eux, attendu que ce serait la faire courir inutilement; il déclare aussi qu'il ne change rien aux lois existantes qui concernent la prescription de trente et quarante ans contre les mineurs. Il résulte évidemment de là que cet empereur croyait que les mineurs n'étaient pas restituables contre la prescription de trente ans, et qu'il a voulu laisser les choses en cet état; car si cela n'eût pas été, il avait, pour suspendre la prescription de trente ans pendant la minorité, la même raison que pour suspendre les prescriptions temporaires, celle de prévenir le mal au lieu de chercher à le réparer.

32. Aux exemples que nous venons de citer, de choses qui ne peuvent être usucapées, nous pouvons ajouter les *res mancipi* appartenant à une femme en tutelle. Ces objets ne pouvaient, dans l'ancien droit, être acquis par usucapion que lorsqu'ils avaient été livrés par la femme elle-même autorisée de son tuteur (1). C'est la loi des Douze Tables qui posa cette règle, et elle ne parlait que de la femme qui se trouvait *in agnatorum tutela;* nous pensons toutefois, suivant en cela l'avis de M. Demangeat (2), que ce principe a été plus tard appliqué à tous les cas. Les Fragments du Vatican disent, à ce propos, que celui qui achète d'une femme une chose qu'il sait être *mancipi* sans *l'auctoritas tutoris* n'est pas de bonne foi, non plus que s'il achète avec *l'auctoritas* d'un tuteur qu'il sait n'être que simulé. Cassius et Proculus pensent qu'il aura pourtant la possession *pro emptore*, non pour usucaper,

(1) Gaïus, § 47.
(2) Tr. élém. de droit romain, t. I, p. 539.

mais pour gagner les fruits. L'avis de ces jurisconsultes était et est généralement adopté. Labéon, il est vrai, refusait, dans ce cas, à l'acheteur toute espèce de droit, en disant qu'il n'avait aucune juste cause à invoquer. Les fruits, répondent avec raison les adversaires de Labéon, ne sont pas choses *mancipi* : donc la femme a pu les aliéner sans l'*auctoritas* du tuteur, et par conséquent l'*accipiens* a pu les acquérir. La femme peut, en effet, aliéner une possession sans l'autorisation du tuteur, disent les Fragments du Vatican : *Mulier sine tutoris auctoritate possessionem alienare potest.* L'on trouve, dans ce même fragment, au § I, que si l'*accipiens* avait, en pareil cas, payé à la femme le prix d'une chose *mancipi* qui lui aurait été livrée, il pourrait l'usucaper, sauf à la femme à interrompre l'usucapion par le remboursement de la somme payée.

33. Il est du reste tout naturel qu'on puisse acquérir les fruits d'une chose que l'on ne saurait usucaper. Ces deux faits sont complétement indépendants l'un de l'autre, bien que la bonne foi et le juste titre soient exigés pour l'acquisition des fruits par la possession, comme pour l'usucapion elle-même, d'après la loi 48, *in fine*, au Dig., *De acquir. rer. domin.* Ainsi l'usucapion des choses volées est, comme nous l'avons déjà vu, formellement prohibée ; pourtant l'*accipiens* ayant juste titre et bonne foi pourra, en ce cas, faire les fruits siens.

Une autre hypothèse se trouve dans la loi 48, *in fine* : *De acquir rer. domin.* Paul y suppose qu'une personne possède une chose donnée au président de la province. La loi Julia *Repetundarum* prohibait ces sortes de donations. Dans cette circonstance, l'usucapion ne peut avoir lieu qu'après que la chose est revenue entre les mains du donateur ou de son héritier.

34. L'usucapion est principalement applicable aux choses corporelles, ce qui se conçoit, du reste, facilement, puisque pour usucaper il est indispensable de posséder. Cependant, primitivement, les servitudes s'acquéraient de cette façon ; mais la loi *Scribonia*, qui est si peu connue que son existence a été contestée, et que l'on croit en général avoir été promulguée vers l'an 720 de Rome, abrogea ce mode d'acquisition.

Tel est, en effet, l'objet de cette loi, ainsi que cela résulte de ce passage du jurisconsulte Paul : « *Eam usucapionem sustulit lex Scribonia , quæ servitutem constituebat* (1). »

A partir de cette époque, nulle servitude ne peut s'acquérir par usucapion : « *Hoc jure utimur ut servitutes per se nusquam longo tempore capi possint,* » disent les lois 13, § 1er, au Dig., *De acquir. dom.*, et 10, § 1er, *De usur.*, 14 *præ.*, *De servit.;* mais les préteurs, et plus tard les empereurs, apportèrent à ce principe de nombreux tempéraments. Les premiers, dans un grand nombre de cas, protégèrent la longue possession des servitudes par des actions utiles et des interdits , surtout lorsqu'il s'agissait de servitudes urbaines , *quæ in superficie aut in ædificiis consistunt.*

(1) L. 1, § 20, Dig., liv. XLI, tit. IV.

Elles devinrent seules susceptibles d'être acquises par
l'usage. Ce mode d'acquisition ne s'appliquait pas aux
servitudes rurales, *quæ in solo consistebant*, à cause
du défaut de continuité qu'elles présentaient ; c'est ce
que nous démontrent notamment les lois 20, *præ.*,
Dig., liv. VIII, tit. II, et 1, au Code, liv. III, tit. XXXIV.
Il existait, néanmoins, parmi les servitudes rurales,
deux droits qui pouvaient s'acquérir par la possession
de long temps : c'étaient ceux de passage et de prise
d'eau. Malgré leur caractère de discontinuité, le préteur accordait quelquefois l'interdit *De itinere actuque
privato* pour la première de ces servitudes, quand elle
était exercée depuis long temps (1) ; en ce qui concerne
la seconde, l'intérêt de l'agriculture avait poussé les
juges à les confirmer quand l'usage en remontait à une
époque éloignée. Un certain nombre de textes, parmi
lesquels nous citerons la loi 10 pr., au Dig., liv. VIII,
tit. V, en font foi. Enfin, sous Justinien, il fut permis
d'acquérir par un long usage toutes les servitudes
possibles, et ce principe fut même étendu au droit
d'usufruit, ce qui, très-probablement, n'avait pas lieu
dans les périodes précédentes du droit romain, car,
comme le fait remarquer M. Ducauroy, aucun texte
ancien n'en parle (2).

35. Quant aux choses qui ont été volées ou occupées
violemment, elles ne peuvent être usucapées, quel que
soit le temps qu'ait duré l'occupation et quelle qu'ait
été aussi la bonne foi du possesseur. C'est ce que Jus-

(1) L. 5, § 3, Dig., liv. XLIII, tit. XIX.
(2) Instituts, t. I, p. 304.

tinien déclare formellement au § 2 de notre titre. Le vice causé par le vol dans la possession est considéré comme absolu. Il existe *erga omnes*.

Parmi les choses volées, il faut ranger l'esclave fugitif, car il est censé s'être volé à son maître (1).

Cette prohibition d'usucaper les choses volées est fort ancienne ; elle remonte à la loi des Douze Tables : « *Furtivæ rei æterna auctoritas esto*, » disait-elle. Plus tard, elle fut confirmée par un plébiscite rendu, vers le milieu de la République, sur la proposition du tribun Atinius Labéon, et connu sous le nom de loi Atinia. Cette loi et celle des Douze Tables ne s'occupaient que des choses volées ; les lois Julia et Plautia appliquèrent les mêmes règles aux choses occupées par violence. Ces dernières lois étaient fort importantes, car, les immeubles, en droit romain, ne pouvant pas être volés, il n'y avait que par la violence qu'on pût injustement s'en emparer, et il fallait de toute nécessité protéger les citoyens contre ce fait inique.

C'est ici, croyons-nous, le lieu de définir ce que l'on appelait le vol à Rome. Le sens de ce mot, en droit romain, était beaucoup plus étendu qu'il ne l'est en droit français : c'était tout usage fait de la chose, avec mauvaise foi, contre le gré de son propriétaire : « *Omnis contrectatio rei fraudulosa*. » On en arrivait à ce résultat, qui semble bizarre, de pouvoir commettre un vol sur sa propre chose, par exemple en reprenant, contre la volonté d'un créancier, l'objet qu'on lui avait donné en gage.

(1) Gaïus, 2 45, et I. 4, 22 6 et 29 ; Dig., *De usurp.*

Il est bien entendu, comme le font observer les Instituts, que c'est le tiers auquel le voleur a livré l'objet qui ne peut l'usucaper, et non pas le voleur lui-même, qui en est empêché par un vice radical : la mauvaise foi et l'absence de juste titre.

D'après le principe que nous venons de poser, il semblerait qu'il n'existe aucun cas d'usucapion pour les meubles ; car de deux choses l'une : ou l'objet que je détiens a été volé, et il m'est impossible de l'usucaper à cause de cela ; ou bien je le détiens avec la volonté du propriétaire, et alors l'usucapion est inutile.

Les Instituts et Gaïus (1) nous fournissent pourtant trois exemples de cas d'usucapion de meubles :

Le premier s'applique à l'usufruitier d'une esclave, lequel, ne connaissant pas le droit, considère comme fruits lui appartenant les enfants dont cette femme accouche, et les vend à un acheteur de bonne foi. Il est évident que celui-ci pourra usucaper, car il n'y a pas eu vol, le vol exigeant l'intention frauduleuse.

Le deuxième suppose qu'un héritier trouve dans la succession un objet qu'il a cru appartenir au *de cujus*, mais qui, en réalité, ne lui appartenait pas, par exemple une chose prêtée ; elle est vendue et livrée à un acquéreur de bonne foi : il est évident que celui-ci usucapera, car, dans cette circonstance encore, il n'y aura pas vol.

La troisième hypothèse de Gaïus est celle-ci : Titius meurt ; il avait fait deux testaments ; le premier seul est connu, et celui qu'il rend héritier, se croyant ap-

(1) L. 36, § 1, Dig., *De usurp.*

pelé à l'hérédité, vend un objet de la succession : dans cette circonstance encore, l'usucapion sera possible , pourvu, bien entendu, que le tiers soit de bonne foi.

Enfin, celui qui s'empare d'une hérédité jacente ou d'un bien quelconque y appartenant, avant l'adition d'hérédité, n'est pas, d'après Marc-Aurèle, considéré comme un voleur, parce que, pour qu'il y ait vol, il faut que la chose soit enlevée à son propriétaire ou possesseur, et que l'hérédité jacente n'est la propriété ni la possession de personne.— Il y aurait toujours là un délit, *crimen expilatæ hereditatis*, dont parle la loi 1, Dig., liv. XLVII, tit. xix, *Expil. hered.*; mais l'usucapion aurait toujours lieu.

36. Les immeubles, ainsi que nous l'avons déjà dit, ne peuvent être volés ; l'opinion contraire, qui comptait cependant pour elle plusieurs jurisconsultes distingués, entre autres Sabinus, fut plus tard abandonnée. Leur usucapion était permise si leur possession n'avait pas commencé par un acte de violence. Peu importe, d'ailleurs, la bonne ou la mauvaise foi de ceux qui les ont vendus ou donnés : l'acquisition a toujours lieu d'après les règles de la prescription de long temps, par dix ou vingt ans. Cependant, plus tard, la novelle 119, chap. vii, décida qu'il fallait non-seulement que le possesseur fût de bonne foi, mais que son auteur aussi l'ait été, sans quoi la prescription de dix ou vingt ans ne s'appliquait plus , et le possesseur ne pouvait prescrire que par trente ans.

Lorsque la chose qui avait été volée était revenue aux mains de son propriétaire, le vice résultant du vol était complétement effacé, et l'acquisition par l'usuca-

3

pion devenait possible; ce principe était posé dans la loi Atinia. Une condition était toutefois nécessaire en pareil cas : il fallait, d'après la loi 86 au Dig., liv. XLVII, tit. II, *De furtis*, que le propriétaire sût bien que c'était sa chose qui était revenue en sa possession, et qu'il la possédât comme sienne et sachant qu'elle avait été volée (1). Tout possesseur de bonne foi pouvait alors usucaper.

37. Nous avons déjà parlé du cas où un débiteur volait à son créancier l'objet qu'il lui avait livré en gage : il y a là un *furtum*. La chose est-elle cependant susceptible d'usucapion? Cette question est fort controversée. Les lois 4, § 21, Dig., *De usurp. et usuc.*, et 5 Dig., *Pro empt.*, décident que l'usucapion peut avoir lieu, et en donnent pour raison que le vol a été commis par le propriétaire lui-même et que ce fait a dû purger le vice; mais deux autres textes, les lois 49, *De usurp.*, Dig., et 6 au Code, *De usucap. pro emptore*, expriment l'opinion opposée.

Pour nous, nous croyons la contradiction que ces lois semblent présenter plus apparente que réelle. Pothier résolvait cette question par une distinction. Il distinguait le cas où le débiteur a repris entre les mains du créancier la chose qu'il lui avait lui-même donnée en gage, et celui où il détient la chose au nom de son créancier et où il l'en prive d'une façon quelconque, par exemple, en la vendant. Dans le premier cas, il n'y aura aucun vice, car, au moment du vol, la chose est rentrée au pouvoir du propriétaire. Si donc

(1) L. 4, § 12, Dig., liv. XLI, tit III, *De usurp.*

celui-ci la vend à un tiers, ce tiers, s'il est de bonne foi, bien entendu, pourra usucaper. Il en sera autrement dans le second cas, car ici le vol, au lieu de faire rentrer la chose au pouvoir du propriétaire, l'en a fait sortir, et, dès lors, la disposition de la loi Atinia n'est plus applicable.

CHAPITRE III.

DES CONDITIONS REQUISES POUR USUCAPER.

38. Nous avons déjà vu qu'il fallait, pour usucaper, un juste titre, une possession ayant duré un certain temps et, de plus, la bonne foi. Cette dernière condition, qui, autrefois, ne semblait exigée que dans un des deux cas d'usucapion que nous avons énoncés déjà, le fut toujours depuis Justinien, puisque, depuis que ce prince avait supprimé l'antique distinction entre les *res mancipi* et *nec mancipi*, l'usucapion ne s'appliquait plus qu'aux choses livrées *a non domino*.

39. On appelle *juste titre* ou *juste cause* un fait quelconque par suite duquel on a reçu ou pris la possession d'un objet dans le but d'en devenir propriétaire : telles sont : la donation, la vente, etc. ; ces titres transfèrent au possesseur l'*animus domini*, sans lequel la prescription serait impossible : *sine possessione, usucapio contingere non potest*. On ne peut donc pas prescrire en vertu d'un contrat de bail, de gage, etc., parce que ces titres, loin d'impliquer l'*animus domini*, l'excluent complétement.

Il vaut mieux n'avoir aucune espèce de titre que d'en avoir un vicieux. Ceux qui détiennent en vertu de semblables titres reconnaissent, par ce fait même, qu'ils ne sont point propriétaires, parce que personne ne peut se changer à soi-même la cause de sa possession. Il en sera de même de leurs héritiers, qui les représentent, et qui par conséquent ne peuvent avoir plus de droit qu'eux.

On distingue plusieurs espèces de justes titres qui naissent de différents contrats ou d'actes équivalant à ces contrats. Les Pandectes citent le titre *Pro emptore*, qui est celui que la vente fait naître au profit de l'acheteur. La *datio in solutum*, étant considérée comme une sorte de vente, peut être regardée comme équivalant à ce contrat. Le titre *Pro herede* est également quelquefois un juste titre qui transfère à l'héritier les objets et les droits dont le *de cujus* était lui-même possesseur. Ainsi, lorsque le défunt aura possédé avec juste titre, l'héritier, en continuant à posséder, arrivera à prescrire.

Dans les hypothèses que nous venons de poser, la possession du *de cujus* et celle de l'héritier se confondent; elles ne sont même, à proprement parler, que la suite toute naturelle l'une de l'autre. Admettons maintenant qu'une autre circonstance se présente; supposons que l'héritier découvre dans le patrimoine du *de cujus* une chose que celui-ci ignorait s'y trouver : cette ignorance faisait que le défunt ne possédait pas; mais si l'héritier est de bonne foi, il commencera à posséder légitimement, il possédera *pro herede*. Cela était décidé d'une manière formelle par la loi 3, Dig., ff. *pro herede*. On ne peut donc pas dire qu'il n'y ait que continuation de possession. Les lois 1 et 2 au Code, liv. VII, tit. xxix, qui traitent de cette matière, ne contiennent rien de contraire au principe que nous venons d'énoncer plus haut, car elles s'occupent du cas où l'héritier continue la possession du défunt à l'égard d'objets faisant partie de l'hérédité.

40. Du moment où le titre en vertu duquel on usucape est juste, peu importe qu'il soit à titre onéreux ou à titre gratuit; mais il faut que le titre puisse transférer la propriété. Par conséquent, pour usucaper *pro donato*, il faut pouvoir être donataire de l'objet que l'on veut acquérir. Cette usucapion ne pourra donc pas se produire entre époux, à moins que le donateur ne s'appauvrisse pas en gratifiant son conjoint. Ces donations, en effet, n'étaient prohibées en droit romain qu'autant qu'elles enrichissaient l'un des époux *aux dépens* de l'autre. Ainsi, en supposant que le mari donne à sa femme un objet quelconque dont il n'est pas, lui, propriétaire, et qu'il n'est pas en position d'usucaper, elle pourra usucaper. Il en serait autrement, ai-je dit, si le donateur pouvait usucaper. Cette solution était fort naturelle à Rome, où les préteurs, considérant le possesseur de bonne foi comme étant déjà propriétaire, lui accordaient l'action publicienne.

41. Outre ces différents cas d'usucapion, on peut encore en citer quelques autres. Ainsi l'on usucape *pro derelicto* dans le cas où quelqu'un a abandonné une chose qu'il possédait et dont il n'était pas propriétaire. L'objet abandonné n'est pas dans ce cas *res nullius*, puisqu'il n'a pas cessé d'appartenir à son propriétaire; si donc un tiers s'empare de cette chose croyant qu'elle était la propriété de celui qui l'a abandonnée, il usucape *pro derelicto*. On usucape de même *pro legato*, en vertu d'un testament, quand le légataire est de bonne foi et que le testateur n'était pas propriétaire. Il y avait lieu à l'usucapion *pro dote* lorsque le mari re-

cevait de bonne foi des choses constituées en dot *a non domino.*

42. Si un débiteur, afin de se libérer, livre à son créancier une chose dont il n'est pas propriétaire, l'*accipiens* peut usucaper *pro soluto.* L'on possède aussi *pro suo.* Ce terme a deux sens, l'un très-large, l'autre plus restreint. Il signifie que l'on possède *animo domini;* tous les cas dont nous nous sommes occupés seraient alors autant de cas de possession *pro suo.* Il signifie encore que l'on possède en vertu d'un titre qui n'a pas de dénomination spéciale. Ainsi, dans l'hypothèse d'une esclave qui, ayant été volée, a été livrée à un possesseur de bonne foi et est accouchée chez lui, l'enfant, qui n'est pas chose furtive (et qui n'est pas non plus un fruit), pourra être usucapé *pro suo* par l'acquéreur. Parmi les justes titres, nous pouvons compter encore le cas d'usucapion *jussu prætoris* : « *Juste enim possidet qui prætore auctore possidet,* » dit la loi 11, Dig., *De acquir. vel an poss.*

43. A l'égard du titre putatif, les jurisconsultes étaient fort divisés d'opinion. Justinien, au § 2 des Instituts, *De usuc,* semble trancher la question formellement : « *Error falsæ causæ usucapionem non parit,* » dit-il, en effet. Ainsi, je me suis mis en possession de votre immeuble, croyant à tort que vous me l'aviez vendu : je ne pourrai pas l'usucaper. La loi 6, au Dig., *Pro derelicto,* exprime la même opinion. Bien que ce principe semble formel et exclusif, il souffre des tempéraments très-nombreux. Nous pouvons citer, entre autres, le cas de la loi 2 au Dig., *Pro emptore,* et l'hypothèse de la loi 9, *Pro legato.* Cette dernière sup-

pose que Primus lègue à Titius le fonds Cornélien ; Titius entre en possession, puis l'on découvre ensuite
un autre testament qui révoque le premier : Titius, s'il
est de bonne foi, usucapera malgré cela.

Quant à la preuve de l'existence du juste titre ou des
circonstances qui ont pu y faire croire, en cas de revendication de la part du propriétaire, c'est évidemment
au possesseur à la fournir.

44. Nous venons de voir de quelle utilité était le
juste titre pour fonder la prescription ; mais seul il est
insuffisant : il faut que la bonne foi vienne s'y joindre.

En quoi consiste la bonne foi ? A ignorer qu'autrui a
un droit sur la chose que l'on possède ; c'est l'erreur
qui consiste à croire que celui qui a livré la chose était
capable de l'aliéner : « *Bonæ fidei emptor esse videtur
qui ignoravit rem alienam esse.* Le possesseur qui a le
juste titre et celui qui a la bonne foi se trouvent, au point
de vue pratique, dans deux situations fort différentes
sous le rapport de la preuve. C'est à l'usucapant, en effet, à prouver le juste titre ou l'*error probabilis*;
mais c'est à celui qui revendique à démontrer la mauvaise foi du possesseur qui est présumé être de bonne
foi.

La bonne foi est donc indispensable pour usucaper ;
elle suppose l'erreur, qui peut être soit une erreur de
fait, soit une erreur de droit (1). La première seule
peut conduire à l'usucapion. Par exemple, celui qui
achèterait, sans l'*auctoritas* du tuteur, d'un pupille
qu'il croirait pubère, pourra usucaper, car il n'aura

_____

(1) L. 2, § 15, Dig., *Pro emptore.*

commis qu'une erreur de fait. Si, au contraire, il avait
acheté d'un pupille qu'il savait être impubère, mais
croyant que les pupilles pouvaient vendre sans l'*auctoritas* du tuteur, il ne pourrait pas usucaper, parce
que l'erreur qu'il aurait commise serait une erreur de
droit.

45. C'est au moment où la possession commence
qu'il faut se placer pour apprécier s'il y a eu ou non
bonne foi. Du moment où le possesseur a été de bonne
foi à l'instant de la tradition, l'usucapion peut s'accomplir ; la mauvaise foi survenant plus tard n'y ap-
porterait, en règle générale, aucun obstacle : « *Mala
fides superveniens non impedit usucapionem* (1). »
Mais à l'égard des fruits, le possesseur ne les fait plus
siens dès que sa mauvaise foi a commencé. En sens
inverse, nous avons déjà vu qu'il peut très-bien se
faire que les fruits puissent être acquis sans que l'usucapion soit possible ; ainsi, dans le cas d'une chose
volée acquise par un homme de bonne foi, l'acquisition des fruits seule aura lieu.

Nous trouvons au Digeste deux cas où il ne suffit
pas que la bonne foi ait existé lors de l'entrée en possession. La loi 48 au Dig., *De usurp.*, veut que, dans
le cas de vente, il y ait eu bonne foi et lors du contrat
et lors de la tradition. Cette bizarrerie ne peut s'expli-
quer que par l'inadvertance des jurisconsultes, qui ont
étendu au cas de vente une règle qu'ils ont puisée
dans la loi des Douze Tables, mais que celle-ci n'ap-

---

(1) Le droit canon admet la solution contraire, qui nous semble
beaucoup plus morale.

pliquait qu'à la mancipation ; il fallait que l'acquéreur fût de bonne foi au moment de la mancipation, car, lorsque le mancipant était propriétaire, c'était à cet instant que le transfert de la propriété avait lieu. C'est ce qui explique pourquoi, autrefois, la bonne foi était exigée au moment de la solennité de la mancipation. La seconde exception au principe, qu'il suffit que la bonne foi ait lieu au commencement de la possession, se présente à propos de la possession *pro donato*. La loi 11, § 3, au Dig., *De public. in rem act.*, exige la continuation de la bonne foi pendant tout le temps de la possession. Sous Justinien, rien de semblable n'existait plus, ainsi que cela résulte de la loi unique au Code *De usucap. transf.*

46. L'usucapion pouvait, par exception à la règle que nous avons posée, s'effectuer quelquefois sans qu'il y ait eu bonne foi *initio possessionis :* c'était dans le cas d'une usucapion que l'ancien droit romain appelait usucapion *lucrative*. Supposons que quelqu'un s'empare d'un objet appartenant à une hérédité à laquelle il sait qu'il n'a pas de droit : il peut acquérir la propriété par une possession d'une année. C'est une des hypothèses les plus importantes et les plus fréquentes parmi celles qui pouvaient se présenter. C'est à propos de l'usucapion *pro herede* que l'on voit, comme nous l'apprend un savant jurisconsulte (1), l'origine de la maxime qui dit que le possesseur ne peut pas se changer la cause de sa possession. Cette usucapion (*improba usucapio*) ne pouvait en effet avoir

(1) M. Machelard, *Textes de droit romain*, p. 19.

lieu en faveur de ceux qui avaient déjà la détention des
choses héréditaires, en vertu d'une cause qui excluait
l'*animus domini.* Cette usucapion dura assez longtemps; sous Adrien, un senatus-consulte la supprima (1).

47. Il existait encore une autre espèce d'usucapion
qu'. se produisait dans la bonne foi de la part du possesseur : je veux parler de l'*usu receptio,* qui était un moyen
que la loi donnait de recouvrer la propriété d'une
chose par une possession d'un an. Ce cas se présentait lorsqu'une personne avait mancipé un objet avec
obligation par contrat de fiducie de lui en transférer
de nouveau la propriété. Elle pouvait alors usucaper
cet objet par une possession d'un an, alors même
qu'elle savait que la chose était *res aliena.* Pourtant
si, en pareil cas, un débiteur avait fait une mancipation à son créancier en lui donnant en gage un objet
dont il gardait la *possessio naturalis,* il ne pouvait
prescrire avant d'avoir payé sa dette.

L'*usureceptio* comprend plusieurs hypothèses, outre
celle que nous venons d'indiquer, entre autres l'*usureceptio prædiatoria,* qui a lieu dans certains cas dont
Gaïus parle au commentaire II, §§ 60 et 61.

48. Dans le dernier état du droit, nous trouvons
encore plusieurs exceptions au principe que l'usucapion ne peut se passer de bonne foi. Le premier
se présente quand le propriétaire d'un fonds grevé
d'une servitude urbaine affranchit son immeuble par
l'*usucapio liberalis* (2). Le deuxième a lieu, dans

(1) Gaïus, 2, 52, 57.
(2) L. 6, Dig , *De servit. præd. urb.*

le cas d'abandon noxal, lorsqu'un esclave commet un délit. La personne lésée par le délit a recours contre le possesseur de l'esclave, que celui-ci en soit propriétaire ou non. Si, pour éviter les suites de ce recours, le détenteur abandonne l'esclave à la personne qui a souffert du délit, celle-ci pourra, en vertu de la loi 28 au Dig., *De noxal. act.*, usucaper, tout en sachant que celui qui lui a fait l'abandon de l'esclave n'en est pas propriétaire. Rien de plus logique, au reste, que cette exception au principe général. Il eût été bien singulier en effet de forcer, en pareil cas, d'actionner le possesseur et de refuser au demandeur les droits qu'il aurait eus s'il eût procédé contre le propriétaire.

Justinien, dans la novelle 110, chap. VII, oppose au principe que la bonne foi suffit *initio possessionis* une importante exception : il exige non-seulement que le possesseur soit de bonne foi, mais que son auteur l'ait été également ; autrement ce serait une prescription de trente ans qu'il faudrait au possesseur pour acquérir, à moins que le propriétaire réel de l'objet n'ait connu son droit et le fait qui a fait passer la possession à un autre.

49. Combien de temps la possession de l'objet que l'on voulait usucaper devait-elle durer pour que l'usucapion s'effectuât ? Telle est la question que nous avons présentement à résoudre. Le délai exigé n'a pas toujours été le même ; il variait suivant les cas, il a varié aussi suivant les époques.

Dans l'ancien droit, ainsi que nous l'avons dit plusieurs fois, il était d'un an pour les meubles et de deux ans pour les immeubles. Sous Justinien, le premier

de ces délais fut porté à trois ans, le second à dix ans
entre présents et vingt entre absents (le propriétaire
et le possesseur étaient considérés comme présents
vis-à-vis l'un de l'autre quand ils habitaient la même
province). Dans le cas où il y avait eu à la fois présence
et absence, on comptait deux ans d'absence pour un de
présence. — On ne comptait que par jour.

On n'est pas d'accord sur la question de savoir s'il
suffit que le dernier jour de la prescription soit commencé ou achevé. Les textes paraissent se contredire.
La l. 15, *De divers. temp.*, nous semble résoudre la
question : « *In usucapione ita servatur, ut etiam si
minimo momento novissimi diei possessa res sit, nihil-
ominus repleatur usucapio.* » Aussi, à l'égard de
certaines prescriptions favorables, comme celle de dix
et vingt ans, qui court au profit d'un possesseur ayant
titre et bonne foi, il suffit que le dernier jour soit commencé. Quand, au contraire, il est question de prescriptions non favorables, basées sur la négligence de
celui qui ne s'occupe pas d'interrompre l'usucapion de
sa chose, telles que les actions des créanciers contre
leurs débiteurs, on exige que le dernier jour soit
entièrement écoulé ; c'est ce que nous dit formellement
la loi 6 au Dig., *De oblig. et act.*

50. Examinons maintenant ce que l'on appelait jour
en droit romain. Le jour naturel était l'intervalle
compris entre le lever et le coucher du soleil ; il allait
de six heures du matin à six heures du soir. Le jour
civil allait de minuit à minuit. Nous pouvons citer à
ce propos un exemple frappant : On sait qu'à Rome
la puissance maritale, la *manus*, s'acquérait par une

année non interrompue de possession de la femme, considérée comme un meuble ordinaire. La femme avait un moyen d'empêcher cette usucapion: c'était de passer trois nuits de suite hors du domicile de son mari. Supposons donc qu'une femme ait commencé à habiter la maison conjugale le 1er janvier et ait continué sans interruption jusqu'à minuit du 31 décembre: au 1er janvier suivant, l'usucapion sera parfaite.

CHAPITRE IV.

DES DIVERSES CIRCONSTANCES QUI PEUVENT INTERROMPRE L'USUCAPION.

51. Il faut, pour que la possession puisse conduire à l'usucapion, qu'elle n'ait point été interrompue. L'usucapion a, en effet, lieu *per continuam possessionem*. Quand la possession a été interrompue, elle est comme non avenue, et il y a ce qu'on appelle *usurpatio*.

On distingue deux sortes d'interruption : l'interruption *naturelle* et l'interruption *civile*.

La première se produit lorsque le possesseur a cessé de posséder, que cela provienne de son fait ou de celui d'autrui, par exemple de sa négligence, ou même de la violence exercée par un tiers. Il existe un texte (loi 27, *De acq. poss.*: *Qui vi dejectus est, perinde habendus est ac si possideret*) qui semble contraire à ce que nous venons de dire; mais cette contradiction n'est qu'apparente, car ce texte ne s'occupe que du possesseur et du spoliateur. Ce dernier ne peut, en effet, usucaper, puisque sa possession est entachée de violence. On ne s'occupait pas non plus de savoir si c'était par le propriétaire ou par un tiers que le possesseur était dépossédé; peu importait aussi que son titre de possession ait été à titre gratuit ou à titre onéreux.

Nous citerons comme exemples d'interruption naturelle de l'usucapion : 1º le cas de captivité du possesseur chez l'ennemi, puisque, ainsi que nous l'avons déjà vu, la possession étant une chose de fait, le *jus postliminii* ne s'y appliquait pas ; 2° le cas assez rare, il est vrai, où le possesseur donnerait sa chose à bail au propriétaire de cette chose : on ne peut être locataire de sa propre chose, et le propriétaire ne peut être supposé détenir l'héritage au nom du possesseur. « *Sequitur ergo ut ne possessionem quidem locator retinuerit ; ideoque longi temporis præscriptio non durabit*, » dit la loi 21 au Dig., *De usucap.* L'usucapion sera donc ainsi interrompue à l'encontre du possesseur primitif et en faveur du propriétaire. Dans le cas où le possesseur aurait mis le propriétaire en possession à titre de nantissement, gage, dépôt, etc., on devrait résoudre la question de la même manière. Mais si c'était à toute autre personne qu'au propriétaire que l'objet eût été livré, dans les hypothèses que nous venons d'examiner, la possession continuerait par l'intermédiaire de l'emprunteur, du dépositaire, etc., qui ne peuvent posséder qu'à titre précaire, et l'usucapion s'effectuerait au profit du prêteur, du déposant, etc.

52. Il existe un cas où un détenteur précaire peut prescrire. Cette hypothèse se présente quand un débiteur reprend, à titre précaire, comme locataire de son créancier, par exemple, la chose même qu'il avait donnée à celui-ci en gage et qu'il était, lui, en train d'usucaper. La possession continuera à exister au profit du débiteur contre le propriétaire, et, si elle est assez longue pour amener l'usucapion, celle-ci s'accomplira. « *Qui pignores causa fundum creditori tradit, intelligitur possidere. Sed etsi eumdem precario*

rogaveril, æque per diutinam possessionem capiet; nam cum possessio creditoris non impediat usucapionem, longe minus precarii rogatio impedimento esse debet, cum plus juris in possessione habeat, qui precario rogaveril, quam qui omnino non possidel, » dit Julien à la loi 36 au Dig., *De acquir. poss.* Ce texte ne peut nous laisser aucun doute.

53. On interrompt civilement l'usucapion au moyen d'une demande formée judiciairement contre le possesseur pour le forcer à abandonner la chose qu'il détient. Primitivement, la prescription *longi temporis* était interrompue par la *litis contestatio*, tandis que l'usucapion n'était interrompue ni par la citation en justice ni par la *litis contestatio*. Toutefois, comme le demandeur ne devait pas souffrir des lenteurs de la justice, il était de principe que le juge devait rendre la sentence de manière à reconnaitre à chacun les droits qu'il aurait eus si ce jugement avait été rendu au commencement du procès. Dans notre hypothèse, le juge ordonnait la restitution de la chose au demandeur, bien que le défendeur en fût devenu propriétaire dans le cours de l'instance.

54. Sous Justinien, du reste, l'usucapion fut interrompue par l'action intentée soit par le véritable propriétaire, soit par le créancier hypothécaire. Une requête exprimant la prétention du demandeur et adressée au président de la province, à l'évêque ou au défenseur de la cité, avait le même effet qu'un acte de procédure quand le possesseur était absent, ou que, pour une cause quelconque, on ne pouvait pas agir contre lui.

55. L'action qui produit l'effet contraire à celui de

4

la Publicienne, et que le droit prétorien avait accordée
pour faire annuler l'usucapion qu'une personne avait
accomplie (1), se trouve, en réalité, supprimée par ce
moyen d'interruption. Il n'y avait, du reste, que certains cas déterminés où cette dernière action était autrefois utile, tel que dans le cas où le possesseur qui
était en train d'usucaper était absent et n'avait personne qui le représentât. Cette action se donnait dans
un but opposé à celui qui était atteint par la Publicienne ordinaire. L'action Publicienne, dont on con-
naît le but, ne pouvait prévaloir contre le propriétaire,
qui était préservé par une exception connue sous le
nom d'exception *justi dominii*.

Quand il n'y a pas lieu à l'usucapion, il n'y a pas
lieu non plus à se servir de l'action Publicienne, car
elle ne s'applique qu'aux objets qui peuvent être usucapés. C'est ce que dit formellement la loi 9, § 5, *De
publ. in rem act.*

56. Il n'est pas indispensable, pour profiter d'une
prescription, d'avoir, pendant tout le temps exigé par
la loi, possédé soi-même ; on peut quelquefois se servir
d'une possession qu'un autre a commencée. Il faut,
pour cela, établir une distinction entre les successeurs
à titre universel (il y a, dans ce cas, continuation de
possession) et ceux à titre particulier (il y a alors jonction de possession).

57. Lorsqu'il s'agit de successeurs à titre universel,
l'héritier continue la personne du défunt ; leurs pos-

(1) « Dicerel possessorem adversarium suum non usucepisse quod
usucepit. » (Just de Justin , liv. IV, tit. vi.)

sessions ne font qu'une, elles se confondent, et la seconde n'est que la suite de la première. Or, ainsi que nous l'avons déjà vu, la bonne foi n'est exigée qu'à l'origine de la possession. Si donc le *de cujus* a été de bonne foi *initio possessionis*, son héritier, bien qu'il soit de mauvaise foi, pourra, ainsi que nous le dit la loi 2, § 19, Dig., *Pro empt.* : « *Si defunctus bona fide » emerit, usucapietur res, quamvis heres sciat alienam » esse,* » posséder valablement et devenir propriétaire par l'usucapion que cette possession amènera.

Puisque l'on admet que la possession de l'héritier n'est que la continuation de celle du *de cujus*, l'on doit également décider que toutes deux ont les mêmes qualités et les mêmes vices ; il est donc evident que si la possession du défunt était précaire, violente, etc., celle de l'héritier serait entachée pour les mêmes causes ; celui-ci ne pourra donc point usucaper.

58. La prescription, comme le fait remarquer Pothier, n'aura pas été interrompue si, depuis la mort du *de cujus* jusqu'à l'adition d'heredité, aucun autre être juridique que la succession n'a possédé la chose que le *de cujus* était en train d'usucaper. La succession, dans cette hypothèse, est considérée comme représentant le défunt ; l'on suppose que c'est lui-même qui détient, qui possède, et cette possession, d'après la fiction du droit, n'est que la continuation de celle du *de cujus*. Remarquons, à ce propos, qu'il existe un cas où un héritier peut avoir plus de droit que son auteur : c'est celui où le défunt sera mort quelque temps seulement avant que l'usucapion soit parfaite ; celle-ci pourra s'accomplir dans l'intervalle du décès à l'adi-

tion d'hérédité : l'héritier se trouvera propriétaire de
la chose, tandis que le défunt n'en était que possesseur.

Si la possession du défunt était valable, l'héritier
pourra, bien entendu, la continuer. Cependant, si le
défunt a acheté de bonne foi et *a non domino* un objet
qu'on ne lui a pas livré avant sa mort, son héritier,
s'il n'est pas de bonne foi au moment de la tradition
qui lui est faite à lui, ne pourra pas invoquer celle du
défunt. On sait, en effet, que la bonne foi est exigée et
à l'époque de la vente et à celle de la tradition.

59. Si nous supposons que la chose que possède le
successeur est venue de son auteur, à titre particulier
par exemple, à titre de donation ou de rente, il n'y
aura pas *continuation*, mais *jonction* de possession.
Nous voyons, au § 13 de notre titre aux Instituts, que
Sévère et Antonin décidèrent par un rescrit que les
deux possessions du vendeur et de l'acheteur pourraient
être jointes. Ainsi, tout successeur à titre particulier,
c'est-à-dire toute personne qui, quand bien même
elle aurait reçu une universalité, ne pourrait, à cause
du mode de transmission employé (donation, legs,
vente, etc.), continuer la personne du défunt, si elle
est de bonne foi ainsi que son auteur, pourra joindre
sa possession à celle de ce *de cujus;* mais, comme la
possession qu'il commence est nouvelle, il n'usucapera
pas s'il est de mauvaise foi, quoique son auteur ait été
de bonne foi, et il ne prescrira alors que par trenteans.

Dans le cas contraire, c'est-à-dire celui où l'auteur
a été de mauvaise foi et le nouveau possesseur de bonne
foi, ce dernier ne pourra pas profiter de la possession

vicieuse de son auteur, mais celle-ci ne lui nuira point.
La mauvaise foi est un vice personnel ; il serait donc
inique qu'elle empêchât, en pareil cas, celui qui n'est
point coupable d'usucaper ; en effet, il ne représente
pas l'aliénateur, et c'est pour lui-même qu'il possède,
c'est-à-dire de son propre droit qu'il use.

60. Nous allons, afin de compléter ce travail, examiner quelques prescriptions qui existaient dans le
dernier état du droit romain :

1° *Prescription de quatre ans.* — Marc-Aurèle, dans
une de ses constitutions, décida que, lorsqu'un effet
appartenant à autrui aurait été vendu et livré à un acheteur par le fisc, cet acheteur pourrait, si le propriétaire
n'était pas un mineur de vingt-cinq ans, repousser,
après cinq ans de possession, l'action en revendication.

Cette institution, on le remarque, ne pouvait profiter qu'aux acquéreurs de choses non susceptibles d'être
usucapées, de choses furtives par exemple ; le possesseur d'un objet susceptible d'usucapion pouvait usucaper bien plus rapidement.

Sous Zénon, les effets de cette tradition furent beaucoup plus étendus : elle ne se borna plus à fournir au
possesseur une exception pour repousser le propriétaire et les créanciers hypothécaires ; elle transmit immédiatement non-seulement à l'acheteur, mais à tout
acquéreur, quel que fût son titre, une propriété pleine
et entière. Le propriétaire ou les créanciers hypothécaires avaient alors un recours contre le fisc pendant quatre ans. Justinien étendit, dans une de ses
constitutions, cette prescription à sa maison et à celle
de l'impératrice.

61. 2° *Prescription de trente ans.* — Cette prescription a lieu lorsque l'on ne peut pas invoquer l'usucapion à cause du vice de la chose, de celui du titre ou du défaut de bonne foi ; mais elle ne donne au possesseur qu'une exception à opposer à l'action en revendication. Elle diffère de l'usucapion, car l'usucapant a, lui, une action en revendication pour réclamer, lorsqu'elle est sortie de ses mains, la chose qu'il avait usucapée. Dans le cas dont nous nous occupons en ce moment, celui qui aura détenu un objet pendant trente ans n'aura qu'une exception à opposer au propriétaire ou au créancier hypothécaire (1). Les interprètes désignent cette prescription sous le nom de *præscriptio longissimi temporis* ; ils l'appellent aussi *usucapio extraordinaria*. Ces deux dénominations sont considérées à bon droit, croyons-nous, comme fausses. Cette prescription, en effet, ne peut pas être dite *longissima*, puisqu'il en existe une autre plus longue encore ; elle ne doit pas non plus être regardée comme une usucapion, puisqu'elle n'a point, comme l'usucapion, le pouvoir de rendre propriétaire. Quant à son origine, elle remonte, suivant Pothier et Godefroy, à Théodose le Jeune ; selon Cujas, à Théodose le Grand.

62. 3° *Prescription de quarante ans.* — Anastase créa une prescription de quarante ans pour repousser les actions contre lesquelles la prescription de trente ans était insuffisante. Elle avait lieu en faveur de ceux qui possédaient des biens particuliers du prince ou des fonds appartenant aux temples, et ne pouvait pas être

_____

(1) L. 8 pr ,C , *De præsc* xxx vel xl. annis. .

opposée par le débiteur, qui, après avoir prêté sa dette, détenait encore l'immeuble grevé d'hypothèque. Justinien décida que, dans ce cas, quand la dette serait exigible depuis quarante ans, le débiteur fût déchargé de l'action hypothécaire.

Cet empereur avait créé, au profit des églises, par la loi 23 au Code, *De sacr. eccles.*, une prescription de cent ans qui lui fut, dit-on, achetée par un certain Priscus, économe de l'Eglise d'Ephèse. Il réduisit plus tard cette prescription à quarante ans par la novelle 131, chap. VI.

63. Il existait encore une autre prescription de quarante ans qui courait au profit des plaideurs malheureux à partir du jour du dernier acte judiciaire. Elle fut instituée par Justinien, dans la loi 9 au Code, *De præsc.* XXX *vel.* XL *ann.*, à cause des délais fort courts de la procédure, qui souvent frappaient sans remède les plaideurs de déchéance.

DROIT FRANÇAIS.

DE L'EFFET

DE LA POSSESSION QUANT AUX MEUBLES.

---

1. Le travail est la source, le fondement, la base du droit de propriété ; aussi celui qui usurpe un bien n'en devient-il pas propriétaire. Si, cependant, la personne qui a été dépouillée reste trente années dans le silence, le législateur a établi, par de puissantes raisons, que l'objet possédé est définitivement acquis au possesseur. En effet, rien ne serait stable s'il n'y avait pas un terme aux recherches sur le passé ; aucune transaction ne serait possible, aucun échange ne pourrait avoir lieu s'il n'était certain qu'après un temps déterminé celui qui détient une chose la détient justement et peut la transmettre. Pour rendre les transmissions de propriété régulières, la loi suppose que tout bien qui a été pendant trente années entre les mains d'un usurpateur sans aucune réclamation y était légitimement. Si, au contraire, des biens sont aliénés par celui qui n'en est pas encore propriétaire, la transmission de propriété n'aura lieu le plus souvent, en faveur

de l'acquéreur, qu'après un laps de temps qui varie suivant les circonstances. Si l'on compare l'art. 2279 avec les dispositions relatives à l'acquisition des immeubles, on voit qu'il existe entre les immeubles, d'une part, et les meubles, d'autre part, une ligne de démarcation très-tranchée. Un tiers, réunissant d'ailleurs toutes les conditions requises par les art. 2228 et suivants, possède un immeuble qu'il a acquis *a non domino* avec juste titre et bonne foi : le propriétaire est armé encore pendant un délai de dix à vingt ans de l'action en revendication. Si un tiers possède un meuble qu'il a acquis *a non domino* de bonne foi et en vertu d'une cause légale de transmission, ce tiers pourra aussitôt opposer victorieusement au propriétaire la règle *En fait de meubles, possession vaut titre*. Nous nous proposons d'examiner ici quels sont les effets de la possession quant aux meubles dans notre droit, et de bien préciser le sens de la maxime célèbre que nous présente l'art. 2279 du Code Napoléon. Pour atteindre ce but autant que possible, nous croyons devoir rechercher d'abord l'origine de cet adage juridique. Nous verrons qu'il est étranger au droit romain, et que le législateur de 1804 l'a emprunté à notre ancienne jurisprudence française.

2. 1° *Droit romain.* — A l'origine, le droit romain, ainsi que nous l'avons déjà dit dans la première partie de ce travail, autorisait l'acquisition des meubles par le possesseur de bonne foi quand celui-ci avait possédé l'objet pendant un an, à moins que la chose n'eût été volée. La loi des Douze Tables et la loi Atinia décidèrent que les choses volées ne pouvaient pas être usu-

capées, même par un tiers ayant juste titre et bonne foi, tant que le vice de vol n'était pas purgé. La prescription elle-même, que l'empereur Antonin étendit aux meubles, afin de protéger les acquéreurs de bonne foi d'une façon plus efficace que par l'usucapion, ne s'appliquait pas dans ce cas. Justinien augmenta les délais de l'usucapion, mais ne changea rien à l'égard des choses volées ; il n'y avait que la prescription de trente ans qui fût suffisante pour permettre au possesseur de lutter victorieusement contre l'action du propriétaire.

3. 2° *Ancien droit.* — Dans notre ancienne jurisprudence, les règles relatives à la propriété acquisitive des meubles étaient bien loin d'être uniformes. La plupart des pays de droit écrit, où le droit romain avait conservé la plus grande influence, permettaient l'acquisition des meubles par une possession de trois ans ; un certain nombre de jurisconsultes, s'inspirant du même principe qui dominait encore, en 1804, l'esprit des rédacteurs du Code civil : *Vilis mobilium possessio*, admettaient qu'il n'y avait pas de prescription en matière de meubles, ou que du moins elle était instantanée, lorsque, bien entendu, la chose n'avait pas été volée. Certaines coutumes, adoptant un troisième système, appliquaient aux meubles une prescription d'une durée égale à celle requise lorsqu'il s'agissait d'immeubles.

4. D'après la coutume de Valenciennes, la prescription mobilière était de dix ans ; d'après celle de Bretagne, il fallait une possession de cinq ans, à moins qu'il n'y eût eu obligation, lettre ou promesse écrite,

La coutume de Bouillon accordait trois mois au propriétaire d'une chose volée pour la revendiquer contre le tiers qui la possédait, et le terme ne commençait à courir que du jour où le propriétaire avait eu connaissance du lieu où était sa chose. Ceci n'avait lieu qu'en cas de vol; si l'objet n'avait pas été volé, le propriétaire n'avait aucune action à intenter contre les tiers qui de bonne foi détenaient cet objet.

5. Un article sur la coutume de Berry adoptait formellement la prescription de trente ans. Les parlements de Toulouse et de Bordeaux suivaient la même règle. Serres et Lapeyrère s'expriment en ces termes à ce sujet : « Dans les pays de droit écrit, dit le premier, on ne peut acquérir les meubles que par une prescription de trente ans qui est appelée en droit *præscriptio longissimi temporis.* »

6. « Prescription de trois ans pour les meubles n'a pas lieu en France, » écrit le second dans ses *décisions,* presque toutes empruntées aux arrêts du parlement de Bordeaux. « Il faut trente ans pour prescrire, est-il dit dans une note de son ouvrage, car on ne peut avoir un meuble contre le vrai propriétaire que s'il a été volé ; or trente ans est le temps nécessaire pour prescrire les choses dérobées. »

Relevons en passant, dans cette note, une erreur grave : on peut avoir la chose d'autrui sans qu'elle ait été volée, comme il arrive, par exemple, à l'héritier qui trouve dans la succession un objet qu'il croit en faire partie, mais qui a été loué ou prêté. Nous n'avons du reste pas à nous étendre ici sur ce point.

7. Un grand nombre d'auteurs étaient d'avis que

cette prescription de trente ans devait être le droit commun des pays coutumiers, et un célèbre arrêt du parlement de Paris du 11 juillet 1738 confirme cette doctrine,
en opposition directe avec celle du Châtelet.

Quant à la prescription de trois ans, elle était adoptée
formellement par un très-grand nombre de coutumes,
telles que celles de Melun, Amiens, Sédan, d'Anjou, du
Maine, de Luxembourg, etc., etc.

8. En Bourgogne, l'usucapion de chose meuble de-
meurait selon l'ordonnance et disposition du droit
écrit, disait la coutume. Quelques jurisconsultes ensei-
gnaient que cette prescription devait former le droit de
tous les pays de coutume, à l'encontre d'autres auteurs
qui soutenaient que le droit commun était la prescription trentenaire. Dunod de Charnage, professeur à
l'Université de Besançon et avocat au parlement de
cette ville, écrivait que les meubles se prescrivaient par
trois ans au titre de bonne foi ; que ceux de l'Église
même étaient soumis à cette prescription, et qu'il n'y
avait que les meubles incorporels qui y échappassent,
les actions pour choses mobilières durant autant que
les autres actions.

9. Cette règle était également admise en Anjou,
ainsi que l'atteste Pocquet de Livonnière, conseiller
au présidial d'Angers, qui écrivait il y a un siècle.
Enfin, nous voyons qu'à une époque bien antérieure
aux deux auteurs que nous venons de citer, des lettres
patentes de François Ier, en date du 19 mai 1517, con-
firmant une ordonnance des Etats de Provence, por-
taient « que l'exception de prescription ci-après, et pour
l'avenir, aura lieu selon la forme et disposition du droit

écrit, selon lequel ledit pays est régi et gouverné. » Il
est donc certain que si la prescription triennale ne
formait pas, ainsi que Dunod et beaucoup d'autres
jurisconsultes le soutenaient, le droit commun des pays
coutumiers de France, elle était adoptée dans un grand
nombre d'entre eux.

10. Nous ne pouvons terminer l'exposé de cette controverse sans dire quel fut sur ce point l'avis de Pothier.
L'éminent jurisconsulte écrit, au n° 225 de son *Traité
de la prescription*, que la prescription de trois ans à
l'égard des meubles a lieu dans plusieurs pays coutumiers; puis il se demande, lorsqu'on se trouve en présence d'une coutume muette sur la prescription mobilière, pour lequel des deux systèmes on doit opter: pour
celui qui la porte à trois ans ou pour celui qui la porte
à trente? Il fait observer que la première de ces prescriptions n'est que l'ancienne usucapation prolongée
par Justinien, et qui exige titre et bonne foi de la part
du possesseur. « Mais, ajoute-t-il, il est rare qu'il y
ait lieu à la question, le possesseur d'un meuble en
étant, parmi nous, présumé propriétaire, sans qu'il
soit besoin de recourir à la prescription. » Il a soin de
dire cependant qu'en cas de vol la prescription de trois
ans ne s'appliquerait pas, et que la présomption dont
nous venons de parler ne saurait évidemment pas avoir
lieu. L'opinion du grand auteur que nous venons de
citer peut donc se résumer en ces quelques mots : la
propriété d'un meuble est, excepté dans le cas de vol,
attribuée à son possesseur, sans qu'il ait besoin de recourir à une prescription quelconque.

11. Cette opinion de Pothier se trouve aussi formel-

lement exprimée par Bourjon dans son ouvrage sur le
Droit commun de la France. Cet auteur déclare qu'aucune prescription ne doit être exigée à l'égard des
meubles; qu'admettre le contraire serait entraver le
commerce et nuire à la tranquillité ; enfin il blâme
vivement Duplessis d'avoir, à propos de l'art. 118 de la
coutume de Paris, cru à une prescription en matière de
meubles. En effet, l'art. 118 de la coutume de Paris
exigeait une possession de trente ans pour la prescription des « héritages, rentes ou autres choses prescriptibles. » Beaucoup d'auteurs concluaient de ces derniers
mots : « et autres choses prescriptibles, » que les meubles se prescrivaient par trente ans sous l'empire de
cette coutume. Duplessis faisait observer que, les héritages se prescrivant par dix ans, il serait étrange
d'exiger pour les meubles, dont la possession était si
peu importante (*Vilis erat mobilium possessio*), une possession de trente ans. Il demandait donc trente ans
pour les meubles possédés sans bonne foi, et consen-
tait, en cas de bonne foi, à admettre la prescription
romaine, c'est-à-dire trois ans. Le même jurisconsulte dit dans son *Traité des exécutions* « que, lorsque
le débiteur a vendu, donné, transporté, ou autrement
aliéné la chose mobilière et icelle mise hors ses mains,
l'acquéreur n'en saurait être poursuivi ni inquiété par
aucun créancier. » Mais ceci ne saurait prouver qu'il
y ait exception au principe que les meubles ne peuvent
pas être revendiqués ; cela signifie simplement qu'ils
n'ont point de suite par hypothèque.

12. Nous allons maintenant examiner le passage de
son ouvrage sur le *Droit commun de la France*, où

Bourjon exprime son opinion, et le citer, car il aide puissamment, croyons-nous, à l'interprétation rationnelle de notre art. 2270. Voici ce qu'il contient : « On » tient pour maxime au Châtelet, dit-il, qu'en matière » de meubles la possession vaut titre de propri…… à » moins que le meuble ne soit furtif; la jurisprudence » contraire serait préjudiciable au bien public. »

13. Toutefois un auteur contemporain de Bourjon, et qui était procureur au Châtelet, Denisart, nous expose la jurisprudence de ce tribunal d'une façon toute différente. Ce jurisconsulte déclare ne connaître aucune coutume qui ait fixé le temps de la prescription des meubles, et, dit-il aussi : « Nous tenons au Châtelet pour maxime certaine que celui qui est en possession de meubles, bijoux et argent comptant, en est réputé propriétaire s'il n'y a titre contraire. » La possession a toujours dû, croyons-nous, être une présomption de propriété : quelle serait donc alors l'importance de la doctrine créée par cette jurisprudence du Châtelet. Entre ces deux opinions de Bourjon et de Denisart, nous n'hésiterons pas à suivre celle du premier. Cet auteur a d'abord l'avantage d'être soutenu par l'autorité de Pothier, puis d'insister à plusieurs reprises sur l'idée qu'il a développée, probablement parce qu'il sent qu'elle contient une innovation aux idées et à la jurisprudence de son époque. « Telle » est, dit-il à la fin du chapitre V (*De la prescription des* » *meubles*), la jurisprudence de la chambre civile du » Châtelet, où ces sortes de contestations se présentent » fréquemment, toutes les propositions qui composent » ce chapitre ont été formées sur cette jurisprudence. »

14. Quant à Denisart, la doctrine qu'il expose, et que nous venons de rapporter, est bien loin d'être appuyée, comme celle de Bourjon, sur une autorité quelconque ; d'ailleurs il déclare ne connaître aucune coutume fixant un délai de prescription pour les meubles, et nous avons vu qu'il en existait, au contraire, un grand nombre, admettant, par exemple, la prescription de trois ans en matière mobilière.

15. En résumé, il ressort d'une manière évidente de ce que nous venons de dire que les règles de la prescription mobilière, dans notre ancien droit, étaient très-variées, les unes exigeant une possession de trente ans, d'autres une de dix avec bonne foi, d'autres encore une de trois ans, quelques-unes se contentant du fait de la possession sans s'inquiéter de sa durée. Ce dernier système, ainsi que nous l'avons vu, était celui de Bourjon et aussi de Pothier, dans les œuvres duquel il a été, pour ainsi dire, copié par les rédacteurs du Code Napoléon, imbus de l'idée vraie, jusqu'à un certain point, à cette époque, complétement fausse aujourd'hui, que la possession des meubles est de fort peu d'importance.

16. 3° *Code Napoléon.* — L'art. 2279, on le sait, est ainsi conçu : « En fait de meubles la possession vaut titre. » Néanmoins celui qui a perdu ou auquel il a été volé une chose peut la revendiquer pendant trois ans, à compter du jour de la perte ou du vol, contre celui dans les mains duquel il la trouve, sauf à celui-ci son recours contre celui duquel il la tient. Le législateur moderne s'est beaucoup occupé de la pres·cription immobilière et très-peu de celle des meubles,

5

bien que la propriété mobilière commençât déjà à acquérir une certaine importance; nous allons essayer de découvrir, sous le laconisme de l'art. 2279, quel est son véritable sens et quelle est l'interprétation la plus rationnelle parmi toutes celles que nous fournissent les auteurs modernes.

17. Avant de commencer nos recherches sur ce point, disons d'abord qu'il est généralement admis que les actions possessoires n'ont point lieu en matière mobilière, ce qui se produisait également dans l'ancien droit, ainsi que Loysel et un nombre considérable d'autres auteurs le constatent. Ainsi M. Bigot-Préameneu, dans l'exposé des motifs de notre article, s'exprime en ces termes : « Le droit romain, dit-il, accordait sous le nom d'interdit *utrubi* une action possessoire à celui qui était troublé dans la possession d'une chose mobilière; mais, dans le droit français, on n'a pas admis à l'égard des meubles une action possessoire distincte de celle sur la propriété. » Quant à l'interprétation de l'art. 2279, nous allons commencer par citer les avis de différents commentateurs célèbres de notre Code ; puis nous ferons connaître notre opinion personnelle, que nous nous efforcerons de justifier le mieux qu'il nous sera possible.

18. Selon Toullier, les mots *En fait de meubles possession vaut titre* veulent dire que le posssesseur d'un meuble n'a pas besoin d'avoir en même temps bonne foi, juste titre et durée suffisante de possession. Comme la translation des meubles se fait, dans l'usage, sans écrit, il suffit qu'il y ait bonne foi et possession de trois ans; c'est un mélange de la juris-

prudence des pays de droit écrit et des règles romaines.

19. Delvincourt (t. II, notes) pense, au contraire, qu'en fait de meubles la possession crée toujours une invincible présomption de propriété. Selon lui, la personne qui possède un meuble en est réputée propriétaire, à tel point que, sauf le cas de perte ou de vol, personne ne peut agir contre elle.

20. Un certain nombre de commentateurs de notre Code partagent en partie l'opinion de cet auteur, en ce sens qu'ils pensent que les meubles s'acquièrent immédiatement par le fait même de la possession ; mais ils n'accordent pas la même puissance à la présomption de l'art. 2270 et admettent la preuve contraire. Ils exigent aussi le juste titre en même temps que la bonne foi, ce qui est contraire à l'opinion de Toullier, que nous avons déjà citée.

21. Quant à nous, aucun de ces systèmes ne nous semble satisfaisant. Il n'y a pas, en effet, que le cas de perte ou de vol dans lequel la revendication des meubles soit admise : c'est ce qui nous porte à ne pas admettre le système de Delvincourt. De l'autre côté, l'opinion des jurisconsultes, tout en attribuant à la possession des meubles avec bonne foi et juste titre le pouvoir d'en transférer instantanément la propriété, nous paraît devoir être rejetée, en ce qu'elle admet aussi la preuve contraire à la présomption de propriété qui en résulte. Toullier est d'avis que la présomption de l'art. 2270 admet la preuve contraire, et il enseigne qu'elle n'a pas besoin d'être soutenue par le titre dont parle l'art. 2265 Code Napoléon ; ce qui vient, croyons-

nous, de la confusion que l'auteur a faite entre le *titre*
que prescrit ce dernier article et le même mot qui se
trouve écrit dans l'art. 2279. Ces deux erreurs nous
engagent à rejeter complétement sa doctrine.

22. En résumé, les mots « En fait de meubles
possession *vaut titre* » nous paraissent vouloir dire
que celui qui possède un meuble de bonne foi et avec
juste titre acquiert la propriété de cet objet d'une
façon instantanée, en vertu d'une présomption *juris et
de jure*, contre laquelle la preuve contraire ne saurait
être admise, cela pourvu toutefois que la chose n'ait
été ni perdue ni volée, et que le possesseur ne soit
pas obligé à la restituer par suite du fait juridique qui
lui en a fait acquérir la possession. Nous allons nous
efforcer, dans un premier chapitre, de prouver que
l'acquisition des meubles se produit, d'après l'art. 2279,
d'une façon instantanée ; dans le deuxième, nous es-
sayerons de démontrer que la maxime *En fait de meubles possession vaut titre* exige le concours du juste
titre et de la bonne foi. Nous traiterons, dans un troisième, de l'exception que l'art. 2279 admet relativement aux choses volées ou perdues ; enfin, dans un
appendice, nous examinerons différents cas d'application de la règle de notre article.

CHAPITRE PREMIER.

DE L'ACQUISITION DES MEUBLES PAR LA PRESCRIPTION
INSTANTANÉE, ET DE LA NON-ADMISSION DE LA PREUVE
CONTRAIRE A LA PRÉSOMPTION *juris et de jure* RÉ-
SULTANT DE L'ART. 2279.

§ Iᵉʳ.

De l'acquisition des meubles par la prescription instantanée.

23. Lorsque nous avons exposé plus haut l'opinion
de Bourjon relativement à la prescription des meubles
corporels, nous avons cité les propres expressions de
ce jurisconsulte : « En fait de meubles possession vaut
titre. » Les rédacteurs de notre Code, on le voit, ont
reproduit textuellement le passage de cet auteur ; mais
ont-ils voulu accorder le même sens aux mêmes mots.
Oui certainement, selon nous. En effet, Bourjon
seul avait émis cette opinion dont aucun commenta-
teur de nos anciennes lois n'avait parlé, du moins
d'une façon aussi formelle ; rien de plus naturel, donc,
que le législateur de 1804 se soit emparé de son idée
en reproduisant ses expressions. Nous pensons donc
et nous allons essayer de démontrer que, sous l'empire du Code comme d'après le système de Bourjon,
le tiers acquéreur d'un meuble n'a pas besoin de posséder pendant un certain temps pour devenir proprié-

taire d'un meuble qu'il a acheté à un tiers non propriétaire.

24. Nous avons cependant contre nous l'opinion de
ceux qui conviennent bien, à la vérité, que l'art. 2279
n'est que la répétition des termes de Bourjon, mais
qui soutiennent que les meubles sont soumis à la prescription de trois ans. Cependant il n'y a pas dans notre
article un seul mot qui donne à penser qu'une telle condition soit exigée à l'égard des meubles. Elle l'était, il est
vrai, dans le droit romain ; mais nous n'avons pas à nous
en préoccuper, car la loi du 30 ventôse an XII, art. 7,
dépouille de toute force les lois, statuts, ordonnances,
coutumes, qui seraient contraires aux dispositions du
Code Napoléon. Les législateurs de 1804 n'ont, d'ailleurs, évidemment pas suivi les principes du droit
romain, puisqu'ils ont autorisé la prescription des
meubles volés, tandis que, comme nous l'avons déjà
vu, le droit romain repoussait de toute son énergie,
si nous pouvons nous exprimer ainsi, l'usucapion des
choses volées. Du reste, pour bien saisir le sens de
notre article, il est indispensable de ne pas séparer le
deuxième alinéa du premier ; en effet, « la circulation
rapide et presque toujours sans écrit des meubles
corporelles a rendu leur *revendication* fort difficile.
La règle que la possession en vaut titre est une loi de
nécessité que l'ancienne jurisprudence avait établie et
que l'art. 2270 du Code Napoléon a renouvelée ; mais,
pour en saisir le véritable sens, il ne faut pas la séparer
de son exception à l'égard des meubles qui ont été perdus ou volés (1). »

(1) Chardon, *Dol et fraude*, t. I, p. 59.

25. C'est en effet par exception à la règle *En fait de meubles possession vaut titre* que le Code admet la revendication des choses volées ou perdues. Il consacre donc, en résumé, le principe qu'on ne revendique pas les meubles, ou plutôt que celui qui les acquiert de bonne foi *a non domino* en devient propriétaire par le fait seul de la possession.

26. Nous pouvons citer aussi, à l'appui de l'avis que nous avons émis, et comme argument frappant en notre faveur, la disposition de l'art. 1141, qui décide que, dans le cas où un meuble a été vendu à plusieurs personnes successivement, celle d'entre elles qui en a été mise en possesion réelle *en demeure propriétaire, encore que son titre soit postérieur en date*, pourvu que le possesseur soit de bonne foi.

27. D'autres considérations viennent encore se joindre à celles que nous venons de citer en faveur du système que nous soutenons. Elles sont tirées de la maxime, si commune autrefois, *Vilis mobilium possessio*, maxime qui, nous croyons l'avoir démontré, a considérablement influé sur l'esprit des rédacteurs du Code. De plus, la loi a dû évidemment favoriser l'acquisition des meubles, dont l'existence est soumise à tant d'accidents divers. Pothier, dans son *Traité de la prescription* (n° 202), nie que la coutume de Paris ait voulu exiger à l'égard des meubles la prescription de trente ans; « Car, dit-il, ce temps étant aussi long et même plus long que n'est la durée des choses meubles, ce serait rendre imprescriptibles plusieurs de ces choses. » Nous croyons pouvoir ajouter qu'un grand nombre d'objets mobiliers n'ayant pas une existence de

trois ans, il n'y a que la prescription instantanée qui convienne aux meubles.

28. En somme, le système qui nous semble le meilleur pour traduire exactement la pensée des rédacteurs du Code est celui que l'on peut résumer en ces mots : l'art. 2279 consacre une prescription instantanée.

§ II.

De la non-admission de la preuve contraire à la présomption de l'art. 2279.

29. Le Code Napoléon n'a pas reproduit dans les mêmes termes la distinction célèbre que faisait notre ancienne législation en présomptions *juris tantum*, admettant la preuve contraire, et présomptions *juris et de jure* qui étaient légalement considérées comme invincibles; mais l'art. 1352, sans employer les expressions de l'ancien droit, établit deux classes de présomptions correspondantes à celles qui existaient autrefois. Aux termes de cet article, nulle preuve n'est admise contre les présomptions de la loi quand, sur le fondement de cette présomption, elle annule certains actes ou dénie l'action en justice.

30. La prescription acquisitive est-elle au nombre de ces dernières ? Quant aux immeubles, l'affirmative est certaine; il n'y a même aucune controverse, car la loi accorde une exception péremptoire au possesseur de la chose prescrite contre l'action en revendication, et, bien qu'à l'égard des meubles la question soit tranchée d'une manière moins formelle, nous n'hésitons pas,

pour notre part, à la résoudre dans le même sens. En
effet, quelle raison donner à l'encontre de l'opinion que
nous émettons ? On ne pourrait tirer aucun argument
sérieux du délai si court, instantané même, de la prescription mobilière, car cette rapidité de prescription
tient à la nature même des meubles et est une affaire
d'ordre public. Nous admettons donc, pour notre part,
puisque nous ne trouvons aucune raison contraire,
que la prescription des meubles a identiquement la
même puissance et les mêmes effets que celle des immeubles, et voici de nouveaux motifs qui nous portent
à adopter cette opinion :

31. Lorsqu'une possession immobilière s'est continuée pendant dix ou vingt ans, si le possesseur a juste
titre et bonne foi, ou même pendant trente ans dans
le cas contraire, cette présomption devient une présomption légale, une présomption *juris et de jure*, qui,
ne pouvant être attaquée par aucune preuve contraire,
change le droit de possession qu'elle garantit en un
véritable droit de propriété. Ce que nous venons de
dire dans ces dernières lignes est tiré d'un passage de
M. Troplong, dans lequel cette idée est exposée presque
dans les termes mêmes que nous avons employés. La
possession trentenaire ou décennale, dit-il en effet,
n'est que la propriété substituée au fait de la possession. Si donc, d'après le Code Napoléon, la possession
immobilière ne devient propriété qu'après un laps de
temps considérable à cause de la nature même des immeubles, il nous semble que l'on doit supposer que les
meubles ont été exemptés de toute durée de possession,
parce que la loi a voulu que la propriété s'acquît du

fait même, du premier fait de la possession. L'argument le plus décisif que nous puissions invoquer en faveur de cette solution se trouve, du reste, dans les termes mêmes de la loi. Le 2e alinéa de notre art. 2270 est en effet ainsi conçu : « Néanmoins celui qui a perdu ou auquel il a été volé une chose peut la revendiquer. » Or, en vertu de la maxime si connue *Qui dicit de uno, negat de altero*, cela revient à dire que si l'objet n'a été ni perdu ni volé, son propriétaire n'a aucune action à exercer pour le revendiquer. Il lui est donc impossible d'agir en justice pour réclamer sa chose ; par conséquent toute action lui est déniée, selon les termes de l'art. 1352 ; l'art. 2270 forme donc une présomption qui n'admet point la preuve contraire.

32. Telles sont les raisons puissantes qui nous déterminent à refuser la preuve contraire à tout plaideur contre lequel l'art. 2279 est invoqué ; nous pouvons dire encore avec M. Troplong que, pour peu que l'on réfléchisse au style de notre article, on se dira qu'il est impossible que le législateur se soit donné la peine de rédiger une maxime qui, si l'on admet la preuve contraire, se trouverait s'appliquer tout aussi bien aux immeubles qu'aux meubles, et serait tellement banale, qu'elle ne serait pas digne d'être insérée dans un ouvrage de législation aussi important que le Code Napoléon. Le motif qui a inspiré le législateur de 1804 en cette circonstance est certainement l'intérêt du commerce et l'idée de favoriser les transactions, qui deviendraient excessivement difficiles si l'acquéreur d'un objet mobilier était obligé de rechercher quels ont été depuis un long temps les différents propriétaires

auxquels la chose qu'il veut acheter a appartenu.

Quant à la preuve que nous voulons rejeter, c'est évidemment la preuve directe, que n'admettent point les présomptions *juris et de jure*, et non pas une autre sorte de preuve que quelques auteurs appellent improprement *indirecte*, et qu'il est impossible de ne pas admettre, ainsi que les exemples suivants le démontreront :

33. Une personne détient un meuble : il faut qu'elle possède avec juste titre ; on ne pourrait, par conséquent, pas empêcher le propriétaire qui réclame sa chose de prouver que le juste titre manque au possesseur, par exemple qu'il n'est que dépositaire ou locataire. Dans le cas également où le propriétaire s'offrirait à démonmontrer que le possesseur est de mauvaise foi, on ne pourrait s'opposer à ce qu'il fît cette preuve. Il en était ainsi dans l'ancien droit. Notre avis est simplement que toutes les fois que la prescription s'est effectuée, conformément à la loi, le tribunal ne devra pas permettre que l'on prouve que le détenteur du meuble n'en est pas propriétaire.

34. Contrairement à tout ce que nous venons de dire, quelques auteurs, dont le principal est Toullier, enseignent que la preuve contraire doit être admise ; mais il est évident que ces jurisconsultes n'ont pas réfléchi à la portée de l'art. 1352. En effet, pour quel motif, ainsi que nous l'avons fait observer, le législateur eût-il émis la maxime « En fait de *meubles* possession vaut titre, » si c'eût été pour lui donner le sens et la portée que lui attribue Toullier ? Cet auteur commet la faute de confondre deux ordres de preuves bien différents

l'un de l'autre : la preuve de l'absence du fait, qui sert de fondement à la présomption légale (improprement appelée preuve indirecte), puis la preuve directement contraire à cette présomption. C'est cette confusion qui a fait admettre la preuve contre la présomption de l'art. 2279; c'est encore la même erreur qui a poussé plusieurs tribunaux à rendre des jugements contraires aux véritables principes de l'article qui nous occupe.

Quant à notre système, il peut se résumer en ces termes : l'art. 2279, dès que toutes les conditions qu'il prescrit sont remplies, fait acquérir au possesseur la propriété de la chose qu'il détient, et toute action en justice est déniée au propriétaire antérieur.

CHAPITRE II.

DU CONCOURS DU TITRE ET DE LA BONNE FOI EXIGÉ PAR LA RÈGLE DE L'ART. 2279.

35. Nous nous sommes engagé, au commencement de ce travail, à démontrer que la maxime consacrée par l'art. 2279 exige le concours du juste titre et de la bonne foi ; nous allons essayer de prouver, dans ce chapitre, la vérité de cette proposition.

§ Ier.

De la bonne foi.

36. Nous ne trouvons, dans l'art. 2279, aucune expression qui puisse servir de base à l'opinion que nous cherchons à faire prévaloir en ce moment ; mais si nous remontons au droit romain, nous voyons qu'il exige d'abord une année de possession, et plus tard trois, pour l'usucapation des meubles, et qu'à une époque comme à une autre il exigea aussi la bonne foi au commencement de la possession. Dans notre ancien droit, la bonne foi était également indispensable pour prescrire, à moins que le délai de la prescription ne fût de trente années. Dunod de Charnage, que nous avons déjà eu occasion de citer, écrit, dans son *Traité de la prescription*, « que la bonne foi est requise dans les prescriptions qui exigent un titre, comme est celle

de trois ans pour les meubles. » Enfin plusieurs
auteurs n'avaient exigé, pour prescrire les meubles,
qu'un seul instant et avaient déclaré que cette possession instantanée formerait une présomption invincible
de propriété en faveur de celui qui pourrait s'en prévaloir. Le Code, chacun le sait, a suivi cette dernière
règle. Cette rapidité de transmission de la propriété
mobilière était indispensable à cause de l'augmenta-
tion du commerce des objets mobiliers ; c'est donc
avec raison que les rédacteurs du Code la consacrèrent.
Aujourd'hui elle est plus nécessaire que jamais, et
plus les transactions en matière de meubles tendront
à s'accroître, plus la maxime de notre article sera
regardée comme nécessaire et naturelle. Mais, dans
l'ancien droit, comme dans le droit romain, la bonne
foi avait toujours été exigée, et l'on devait plus que
jamais maintenir ce principe sous l'empire des lois
nouvelles. En effet, plus le commerce des choses mobilières s'étendait, plus il était indispensable que la
loi qui favorisait, sous ce rapport, la prescription, en la
déclarant accomplie par une possession de la durée
d'un instant de raison, exigeât comme condition
expresse, *et sine qud non*, l'existence de la bonne foi
de la part du possesseur.

37. La loi fait en plusieurs circonstances une grande
distinction entre les possesseurs de bonne foi et ceux
de mauvaise foi. Lorsqu'il s'agit de fruits, par exemple,
nous voyons l'art. 549 favoriser le possesseur de bonne
foi en lui permettant de faire les fruits siens ; d'après
l'art. 2102 également, le bailleur n'a de privilége sur les
meubles garnissant la maison louée ou la ferme, par

préférence au vendeur, que s'il ignore que le prix est encore dû ; sans cela il ne passe qu'après le vendeur. Dans un cas encore plus grave, celui de l'art. 1599, la même idée se produit ; d'après cet article, en effet, la vente de la chose d'autrui est nulle dans tous les cas ; mais, quand l'acheteur a été de bonne foi, c'est-à-dire lorsqu'il a ignoré que l'objet que le vendeur lui livrait n'était pas la propriété de ce vendeur, il peut y avoir lieu en sa faveur à des dommages-intérêts ; il peut aussi demander que la vente soit maintenue en vertu (nous parlons, bien entendu, d'une vente de meubles), en vertu de la maxime de l'art. 2279 : *En fait de meubles, possession vaut titre.*

38. Si la loi permet à l'acheteur de bonne foi de faire, à son gré, ou annuler la vente avec dommages-intérêts ou user du bénéfice de l'art. 2279, c'est qu'elle craint que ce dernier moyen ne soit repoussé par sa conscience. Il est évident que si elle exige la bonne foi dans l'un des cas, elle doit également l'exiger dans l'autre, puisque le choix qu'elle offre à l'acheteur de bonne foi est de deux choses parfaitement égales entre elles et destinées à se remplacer mutuellement l'une par l'autre.

Du reste, nous trouvons dans le Code Napoléon un article qui vient à l'appui de notre opinion avec plus de force encore que ceux que nous venons de citer, c'est l'art. 1141, qui se rattache étroitement à l'article 2279. Les motifs qui ont porté nos législateurs à insérer l'un de ces articles dans nos lois les ont aussi engagés à admettre l'application du second. En effet : si l'on jette les yeux sur l'exposé des motifs de l'article 1141, on demeure convaincu que la bonne foi, l'intérêt public sont les considérations qui, dans cet article comme dans l'art. 2279, ont guidé les rédacteurs du Code. « A l'égard des choses mobilières, » dit M. Bigot-Préameneu, « quoique le transport de la propriété s'opère à l'époque même de la convention, cependant on a dû considérer l'intérêt d'un tiers dont le titre serait postérieur en date, mais qui, ayant acquis de bonne foi, aurait été mis en possession réelle; la bonne foi de cet acquéreur, la nécessité de maintenir la circulation des objets mobiliers, la difficulté de les suivre et de les reconnaître dans la main des tierces personnes, ont dû faire accorder la préférence à celui qui est en possession, quoiqu'il y ait un titre antérieur au sien. » Cet art. 1141 ne contient, cela est visible, qu'un cas d'application de l'art. 2279 ; que dit-il, en effet ? que, lorsque plusieurs ventes d'un même meuble auront été successivement faites, celui des acquéreurs qui, le premier, aura été mis en possession, demeurera propriétaire s'il *est de bonne foi.*

Il semble donc évident que l'intention du législateur est que tous les cas d'application semblables à celui que cite cet article soient réglés de la même façon. En vain alléguerait-on que le Code Napoléon, qui décide qu'en matière immobilière la propriété se transfère *solo consensu*, n'a pas admis le même principe à l'égard des meubles et a exigé la tradition. A cette objection nous croyons pouvoir répondre que si l'on admettait un semblable système, l'acquéreur de bonne foi et celui de mauvaise foi seraient mis au même rang. Nous concluons en disant que l'existence de la bonne foi est,

selon nous, indispensable pour qui veut acquérir la
propriété d'un meuble par une possession instantanée,
par la possession, en un mot, dont parle l'art. 2279. Il
existe, au contraire, un cas où l'on peut, chose bizarre,
acquérir, même étant de mauvaise foi, la propriété
d'une partie d'un immeuble. C'est l'art. 559 qui s'occupe de l'hypothèse à laquelle nous faisons allusion.
Il traite, en effet, du cas où certaines parties d'un champ
ayant été, par suite d'une crue, emportées et jointes
à un autre champ, peuvent être revendiquées. Cet article exige deux conditions : d'abord que les parties
puissent être reconnues, et, en second lieu, qu'elles
aient une certaine étendue. Ainsi, en admettant même
que la portion d'un terrain emporté et jointe à un autre
champ contienne un trésor ou quelques parties d'or ou
d'argent mêlées à la terre, la revendication ne saurait
avoir lieu, car le texte de l'art. 559 est formel : il exige
que la partie du terrain emportée par les eaux soit considérable, et ne fait aucune espèce de distinction.
Or *Ubi lex non distinguit, nec nos distinguere de-
bemus.*

30. Quoi qu'il en soit de ce mode d'acquisition de la
propriété immobilière, on voit qu'il constitue une exception à la règle en vertu de laquelle la bonne foi est,
en général, exigée pour prescrire instantanément ; si
nous la citons ici, c'est à titre d'exemple tendant à démontrer que la loi s'est montrée, à plusieurs reprises
et dans différents passages de notre Code, très-disposée
à favoriser l'acquisition de la propriété, puisque, dans
cet art. 559, elle n'exige même pas l'existence de la
bonne foi.

Nous avons prouvé que la bonne foi était exigée pour l'application de l'art. 2279 ; il nous reste maintenant à démontrer que l'on doit, en outre, posséder en vertu d'un juste titre. Si alors le possesseur est attaqué par le propriétaire de la chose mobilière, il peut lui opposer la maxime « En fait de meubles possession vaut titre, » qui forme une présomption *juris et de jure* contre laquelle la preuve contraire ne saurait être efficacement fournie.

§ II.

Du juste titre.

40. On entend par titre, en matière de prescription, celui qui émane d'un individu non propriétaire de la chose, incapable, par conséquent, d'en transférer la propriété à un tiers, mais qui, en livrant la chose à ce tiers, peut, si celui-ci est de bonne foi, lui donner le moyen de prescrire en possédant pendant le temps exigé par la loi. On comprend, en effet, que si le titre était procuré par le véritable propriétaire, il n'y aurait pas besoin de prescription, puisque le domaine serait transmis de suite. Avoir un titre en vertu duquel on puisse prescrire est la deuxième condition posée par notre article. De quelle espèce de titre s'agit-il ? c'est ce que nous allons examiner ; mais il est indispensable que nous définissions tout d'abord, d'une manière exacte, ce que c'est que la possession *précaire*.

41. On appelle en général possession précaire, en droit français, toute possession qui n'est pas *animo domini*, qui n'est pas à titre de propriétaire et qui s'appuie non pas sur aucun titre ou sur un titre nul, mais sur un titre *vicieux* en vertu duquel le possesseur détient la chose pour autrui (art. 2236). Le dépôt, le bail, le prêt, etc., forment des titres vicieux pour celui qui voudrait prescrire, en ce sens qu'ils empêchent d'une façon complète et formelle la prescription de s'effectuer.

C'est à ce sujet que l'on dit qu'il vaut mieux ne pas avoir de titre que d'avoir un titre vicieux. Toute personne possédant pour autrui ou à titre précaire ne peut donc prescrire, quel que soit le temps qu'ait duré sa possession.

On ne peut pas dire contre ce système que la propriété de la chose sera acquise, au moins indirectement, par la raison que les actions résultant des contrats que nous venons de nommer se prescrivent, comme toutes les autres, par trente ans; en effet, si l'action personnelle se trouve prescrite, la revendication ne saurait l'être, à cause de la précarité, qui forme un obstacle insurmontable.

42. L'emprunteur, le dépositaire ne devront pas le prix de l'objet prêté ou déposé si celui-ci a péri sans leur faute; mais le propriétaire pourra toujours revendiquer sa chose si elle se trouve entre les mains de ses détenteurs à titre précaire. Il est presque inutile de dire que les successeurs universels des possesseurs dont nous venons de parler sont dans l'impossibilité de prescrire, puisqu'il est de principe que le continua-

teur d'une personne ne peut avoir plus de droit que son auteur. Quant aux successeurs particuliers, cette règle ne leur est évidemment pas applicable; en effet, ils commencent une possession pour leur compte personnel, et ils prescriront. En effet, eux ne détiennent pas la chose à titre précaire, ils n'ont pas de rapport avec les personnes qui possédaient en vertu d'un contrat de bail, de dépôt, etc.; le droit qu'ils ont, ce n'est pas d'eux qu'il leur vient, c'est la loi elle-même qui le leur accorde en admettant d'une manière formelle que quiconque possède une chose à titre de propriétaire peut prescrire. Mais il faut, bien entendu, que ces possesseurs soient de bonne foi; car s'ils connaissaient le titre vicieux de leur auteur, l'art. 2279 ne leur serait plus applicable, et ce ne serait alors que par trente ans de possession continue qu'ils pourraient acquérir la propriété.

Quant au vendeur d'un objet mobilier non livré, possède-t-il ou non à titre précaire? Nous ne croyons pas que ce soit ici le lieu de résoudre cette question. Nous n'avons à nous occuper que de l'eff. de la possession quant aux meubles. Or il est évident que le vendeur dont nous parlons, ne possédât-il pas à titre précaire, ne pourrait prescrire que par trente ans, à cause de sa mauvaise foi. Il en sera de même à l'égard de ses héritiers, qui peuvent trouver dans sa succession des meubles qui ont été vendus, mais qui n'ont pas encore été livrés, car l'article 2235 décide que les successeurs à titre universel, continuant la personne du *de cujus*, prennent la possession telle que celui-ci la laisse, c'est-à-dire avec tous ses avantages et tous ses vices; par

conséquent , dans notre hypothèse , la mauvaise foi
de l'auteur empêcherait toute prescription instantanée en faveur des héritiers continuateurs de sa personne et dont la possession ne sera que la suite de la
sienne (1).

43. Le Code Napoléon, en employant dans l'article
2265 les mots *juste titre*, à propos de la prescription
de dix et vingt ans, mots qui ne se trouvent point re-
produits dans l'art. 2279, n'a pas voulu parler d'un
titre précaire, car les principes de notre législation et
ceux même du droit naturel n'admettent pas qu'un
titre précaire puisse servir de base à une prescription. Ce terme de juste titre a donc une autre accep-
tion.

Puisque ce n'est ni le titre précaire que nous venons d'étudier, ni le titre émanant du propriétaire de
l'objet lui-même, titre qui, en transférant immédiatement la propriété, rendrait complétement inutile toute
espèce de prescription, il est certain que le législateur
a voulu parler d'un acte suffisant pour transférer la
propriété si la personne qui l'a consenti eût été propriétaire, qui n'a manqué en un mot d'avoir cet effet
de transmission de propriété que par suite de la qua-
lité de non-propriétaire existant de la part de l'aliénateur. La loi, prenant en considération l'intérêt public,
auquel la fréquente transmission de la propriété est
toujours favorable, et celui de l'acquéreur de bonne
foi, qui, au double point de vue de l'équité et du commerce, n'est pas moins digne de sa protection, est

(1) L. 11, Dig., *De divers. tempor. præscip.*

venue appuyer ce dernier en consentant à admettre
que son erreur couvre l'imperfection de sa possession,
qu'il a un titre produisant, lorsqu'il s'agit de meubles,
le même effet que si l'aliénateur avait été propriétaire.
Reste à savoir maintenant ce que l'on a voulu dire
par l'épithète de *juste*. Un éminent jurisconsulte (1)
a dit que l'on appelait le titre *juste* « parce qu'il est
l'expression d'un des modes reconnus par la loi de
déplacer le domaine des choses. » Il nous semble
plus naturel de dire que le titre n'est juste que s'il y a
bonne foi : sans bonne foi, point de juste titre. Cette
opinion, nous allons le démontrer, n'est pas unique-
ment la nôtre ; elle a pour appui de graves autorités,
et de sérieuses citations peuvent être faites en sa faveur.
Le principe que nous venons d'énoncer était en vigueur
dans notre ancien droit. Un auteur d'un grand mérite,
que nous avons eu déjà l'occasion de citer, Dunod
de Charnage, écrit dans son *Traité de la prescription*
que le titre et la bonne foi « sont deux corrélatifs »
et qu'il faut que le titre soit valable, c'est-à-dire capable de mettre le possesseur en position de devenir
propriétaire. Comment, en effet, peut-il se faire que
l'on possède en vertu d'un titre *juste* et que l'on soit
de mauvaise foi ? comment un homme peut-il dire :
Voilà un titre qui tend à me rendre propriétaire de
tel objet ; je sais que je n'ai aucun droit à cette propriété, mais mon titre est juste ! Une telle phrase, un
tel argument renferme évidemment une contradiction
singulière. Du reste, la discussion qui eut lieu au tri-

(1) M. Troplong, *Prescript.*, p. 391.

bunat au sujet des mots sur lesquels nous discutons en ce moment nous fournit, croyons-nous, des arguments irréfutables. « Le titre sera juste si l'acquéreur a été de bonne foi, » disait l'orateur du tribunat (1); « Nul ne peut croire de bonne foi qu'il possède comme propriétaire s'il n'a pas un juste titre, c'est-à-dire un titre qui soit de nature à transférer la propriété, » disait encore M. Bigot-Préameneu, l'un des rédacteurs du Code.

44. C'est donc à tort, selon nous, que l'on dit que l'art. 2279 exige en même temps *juste* titre et bonne foi, puisque la bonne foi est inséparable du juste titre et que c'est elle, on peut le dire, qui fait le titre juste. La loi ne peut pas, sous peine d'avoir été créée par des hommes iniques, avoir décidé que la propriété d'une chose serait accordée à un homme qui ne pourrait donner aucune raison en faveur de sa possession, si ce n'est qu'il détient la chose. Toute prescription autre que celle de trente ans suppose l'existence d'un titre. Le détenteur précaire ne peut jamais prescrire, même par trente ans ; le possesseur de bonne foi qui n'a en mains aucune espèce de titre acquerra, lui, la propriété par une possession continuée pendant ce laps de temps. Ce principe, du reste, était admis formellement dans notre ancien droit. Pothier écrivait que, pour acquérir la propriété des meubles par la possession, il fallait que cette possession procédât d'un juste titre ; que, pour la prescription de dix et de vingt ans, il en était de même évidemment ; « Car, dit-il, un possesseur qui

(1) M. Goupil-Préfeln.

ne rapporte aucun titre de sa possession est un possesseur injuste, qui est appelé en droit *prædo*, à moins
qu'un temps très-long ne fasse présumer le contraire. »
Le droit romain approuvait cette idée, qui se trouve
reproduite à plusieurs reprises au Digeste (1).

(1) « Pro possessore possidet prædo, qui interrogatus cur possideat,
responsurus sit : quia possideo; nec ullam causam possessionis possit
dicere. » (LL. 11, § 1 ; 12, 13, ff. *De petit. hered.*)

CHAPITRE III.

DE L'EXCEPTION QUE L'ART. 2279 ADMET RELATIVEMENT AUX CHOSES VOLÉES OU PERDUES.

45. Après avoir développé et étudié le principe consacré par la maxime de l'art. 2279, nous allons examiner l'exception qu'il admet à l'égard des choses qui ont été perdues ou volées. Cette exception, on le sait, consiste, de la part de la loi, à permettre aux propriétaires de ces objets de les réclamer pendant trois ans au moyen de l'action en revendication.

Nous devons faire observer tout d'abord que cette exception est complétement inutile à l'égard de l'inventeur ou du voleur, puisque, étant de mauvaise foi, le vice que crée un tel commencement de possession est un obstacle insurmontable à la prescription, du moins à celle admise par notre article. Ce n'est donc qu'au cas où l'objet trouvé ou volé a été acquis (par l'effet d'une vente, par exemple) par un tiers de bonne foi que notre exception serait applicable. Pendant un espace de trois ans, le propriétaire de la chose volée ou perdue pourrait, en effet, la revendiquer entre les mains de l'acheteur de bonne foi. En ce qui concerne le voleur, il n'aura qu'une seule prescription à invoquer, celle de trente ans. C'est en vain que, pour repousser l'opinion que nous émettons, on alléguerait que, lorsqu'un délit est commis, l'action civile et l'action publique se prescrivent par un même laps de

temps, un an, trois ans ou dix ans, selon qu'il s'agit
d'une contravention, d'un délit ou d'un crime, et que,
par conséquent, le voleur qui n'a pas été poursuivi
dans ce délai n'est plus soumis ni à l'action publique
ni à l'action civile. Nous répondrons que les deux actions civiles et en revendication ne doivent point être
confondues, et que ce principe est précisément mé-
connu dans l'argument qu'on nous oppose. L'action
civile, en effet, tend à forcer l'auteur du délit à le réparer vis-à-vis celui auquel il a nui ; l'action en revendication a pour but, pour effet de conserver la propriété. Elle n'a aucune espèce de rapport avec le vol ;
celui qui l'intente n'a pas à s'occuper de ce délit ; il
n'a point à en faire la preuve ; elle ne touche pas davantage à l'action civile, et celle-ci peut être prescrite
sans qu'il en soit de même de l'action en revendication. Les deux articles du Code d'instruction criminelle, qui subordonnent la prescription de l'action civile à celle de l'action criminelle (637 et 638), ne sont
nullement applicables ici. C'est donc seulement la mauvaise foi, et non pas le vol, que le demandeur aura à
prouver ; il ne doit pas être question de ce délit si, au
moment du procès, le voleur a prescrit l'action publique. Cette preuve de mauvaise foi sera, la plupart
du temps, très-difficile à faire, sans amener en même
temps la preuve du vol. Il est pourtant des cas où le
demandeur peut organiser son attaque juridique assez
habilement pour démontrer que son adversaire est de
mauvaise foi, sans prouver, pour cela, qu'il a commis
un vol.

46. Si l'exception admise par l'art. 2279, et que nous

étudions en ce moment, ne peut, ainsi que nous l'avons
dit, profiter au voleur ni à l'inventeur, ces deux caté-
gories de possesseurs sont cependant protégés par une
autre prescription, celle de trente ans. En effet, malgré
le délit qui lui a donné naissance, cette possession ne
saurait empêcher une prescription, pour laquelle la
bonne foi n'est point exigée. L'origine de la règle que
nous exposons en ce moment nous paraît venir du
droit romain, qui (nous assimilons ici le vol à la violence)
admettait, disons-nous, que la possession prise en vertu
d'un titre extorqué par violence n'empêche pas la
prescription (Dig., liv. V, *De vi et vi armata*) lorsque
la possession elle-même n'est pas violente. En assimi-
lant, comme nous venons de le faire, le vol à la violence, on arrivera à conclure que ce délit n'est pas un
obstacle insurmontable. Pour nous, dès que la partie
lésée peut actionner l'autre et interrompre la prescription, cette prescription commence à courir au profit
de l'auteur du fait délictueux ; c'est ainsi, croyons-
nous, que doivent être interprétés les mots de l'article 2233 . « *Dès que la violence a cessé.* » Nous ne
sommes donc pas de l'avis de ceux qui pensent qu'il
suffit qu'il y ait eu violence (ou vol) au commencement
de la possession pour que celle-ci soit à jamais viciée,
et que toute prescription soit rendue impossible. D'a-
près cette opinion, qui, du reste, a pour elle un auteur
éminent (1), il faudrait exiger que le voleur commençât complétement, et à un autre titre, une nouvelle prescription.

(1) M. Delvincourt, t II. p. 856.

47. Nous ne nous sommes jusqu'ici occupé que des meubles corporels, nous réservant de traiter des autres dans un chapitre spécial ; mais nous pouvons déjà faire remarquer que ces meubles ne sont point soumis à la maxime contenue dans le premier alinéa de l'article 2279, et que, par conséquent, l'exception admise dans la deuxième partie du même article, à l'égard des choses perdues ou volées, ne les concerne pas non plus. Les meubles incorporels ne sont pas, en effet, susceptibles d'une possession matérielle ; cette possession n'est créée vis-à-vis du cessionnaire que par une notification de son titre que celui-ci fait aux personnes qu'il doit informer de son acquisition. Telle est la règle prescrite par l'art. 1690 du code Napoléon. Un certain nombre d'arrêts ont pourtant admis la prescription de trois ans à l'égard de titres volés ou perdus ; mais c'est bien à tort, selon nous. Nous venons de voir, en effet, qu'il n'y a pas de raison pour accorder à ces sortes de meubles la prescription de trois ans, et celle de dix ans, chacun le sait, n'a trait qu'aux immeubles (art. 2265). La prescription de trente ans, libératoire de l'action en revendication, est donc la seule qui puisse être appliquée ici. Cependant nous devons même faire remarquer qu'il existe certains meubles incorporels qui, sous le rapport de la prescription, doivent être assimilés aux meubles corporels : ce sont les *titres au porteur.* C'est à l'art. 2279 qu'ils doivent être soumis, tant à l'égard du principe de la prescription instantanée qu'en ce qui concerne celle de trois ans, au sujet des choses volées ou perdues.

48. C'est ici le lieu de faire remarquer qu'il y a dans

la loi une lacune regrettable à l'égard des billets au porteur que ledit porteur peut avoir perdus ou qui lui ont été volés. Sa position, en pareil cas, est fort difficile et fort dangereuse, pour deux raisons : la première est que rien n'est plus facile au voleur que de transférer les titres à un tiers, et la deuxième que le porteur du titre étant seul réputé propriétaire par rapport à la Compagnie, on n'a pu permettre au porteur de se faire donner par elle un double de son titre. La loi, nous le répétons, est donc imparfaite à cet égard, et il serait bien à désirer qu'elle fût modifiée. Ceci n'est, au reste, qu'une parenthèse; mais nous avons cru devoir signaler, en passant, cet état de choses. Revenons maintenant à la prescription des choses perdues ou volées.

49. Cette prescription, dans notre ancien droit, était de trente ans. La règle de la loi des Douze Tables : *Rei furtiva æterna auctoritas esto*, avait paru à nos anciens jurisconsultes, à Pothier notamment, purement arbitraire, contraire au droit naturel, et l'illustre auteur dont nous venons de parler « doutait fort que cette disposition du droit pour les choses furtives dût être observée. » Quelle est maintenant la source de la règle moderne qui limite à trois ans le laps de temps nécessaire pour prescrire les choses volées ou perdues ? Elle se trouve probablement dans l'ancienne prescription de trois ans du droit romain. Cette question, du reste, n'est pas d'une grande importance; faisons observer seulement que cette prescription est, selon nous, *libératoire* et non *acquisitive*, car c'est *après trois ans depuis la perte ou le vol* que l'action du propriétaire de l'objet est éteinte, et il suffit d'un seul instant de possession

de la part du tiers détenteur au commencement de la possession.

50. Quant au motif qui a décidé les rédacteurs du Code, il s'explique, pour ainsi dire, de lui-même : le législateur s'est dit que, dans le commerce, dans les transactions de chaque jour, il était bien difficile, pour ne pas dire impossible, à l'acquéreur d'un meuble de s'assurer que celui qui le lui livre est muni d'un titre qui le rend réellement propriétaire ; mais que cependant, dans le cas de vol, la loi devait protéger, autant qu'il était en son pouvoir, le propriétaire lésé, et ne pas souffrir qu'il perdît ainsi sa chose, alors qu'il n'y avait aucune faute à lui reprocher. D'un autre côté, l'acquéreur de bonne foi était digne d'intérêt ; il fallait donc accorder au premier un laps de temps assez étendu pour qu'il pût réclamer sa propriété, et pourtant qui ne fût pas tellement long qu'il créât un état d'incertitude préjudiciable à l'acquéreur de bonne foi, en même temps qu'à l'intérêt général.

51. A l'égard des choses perdues, nos lois n'offrent aucune règle qui puisse servir à faire reconnaître une chose abandonnée d'une chose perdue, c'est-à-dire une chose *nullius*, qui n'appartient plus à personne, qui est sans maître, d'une chose qui est encore la propriété de quelqu'un, qui, par conséquent, ne saurait appartenir au premier occupant. A défaut de principe certain, les magistrats, à la sagesse desquels le soin de faire cette distinction est abandonné par la loi, peuvent se guider, jusqu'à un certain point, par la valeur de l'objet. En effet, l'on ne consent guère à délaisser un meuble de grande valeur ; quand on ne l'a

plus, c'est qu'on l'a perdu et non abandonné; quand, au contraire, le prix n'est pas considérable, il peut se faire que son propriétaire l'ait rejeté. Toutefois la preuve contraire peut parfaitement être admise contre cette présomption, qui ne repose en somme que sur une donnée incertaine.

52. Les raisons que nous avons données plus haut pour justifier l'exception relative au vol sont moins évidentes quand on les applique à la perte. On peut cependant dire que celui qui a acheté de bonne foi une chose perdue, ayant déjà son recours contre celui duquel il la tient, a moins besoin de la protection de la loi que celui qui l'a perdue sans qu'il y ait le moindre reproche de négligence à lui adresser, et qu'outre cela, l'inventeur pourrait s'entendre avec un tiers et feindre facilement une vente, fraude dont la preuve serait fort difficile et même tout à fait impossible dans la plupart des cas.

53. Quoi qu'il en soit, il est certain que la propriété des choses perdues n'est point réglée, dans notre droit, d'une façon satisfaisante. Le Code Napoléon, dans le deuxième alinéa de son art. 712, nous dit que « la propriété des choses perdues est réglée par des lois particulières. » Or aucune loi particulière n'a été créée à ce sujet par notre législation moderne. La matière n'est réglementée que par deux circulaires ministérielles, l'une du 10 août 1821, l'autre du 3 août 1825. Celle-ci ne fait que confirmer la première, et toutes deux émanent du ministre des finances. Mais ces deux décisions, il faut le dire, n'ont, bien que les tribunaux jugent souvent dans le sens qu'elles indiquent.

aucune raison d'être, appréciées d'après le droit. Elles ordonnent, en effet, à l'inventeur de déposer les objets trouvés, à Paris, chez les commissaires de police, et, dans les autres villes ou communes de France, au commissariat de police ou au greffe de la justice de paix. La propriété de ces objets, si le propriétaire ne les réclame pas dans un délai de trois ans, sera alors acquise à l'inventeur. Nous le répétons, ces deux circulaires ne sauraient légalement être prises en considération, et cela pour plusieurs raisons : 1° elles confondent totalement la bonne et la mauvaise foi, et assimilent complétement ces deux cas, si différents cependant, en leur appliquant à tous les deux, sans aucune espèce de distinction, la même décision. Cependant la disposition de l'art. 2279 ne s'applique évidemment qu'au possesseur de bonne foi, à celui qui, par exemple, dans notre espèce, tient la chose de l'inventeur qu'il croyait propriétaire, mais jamais à l'inventeur lui-même, puisque, dans aucun cas, il ne peut être de bonne foi, non plus, comme nous croyons l'avoir démontré, que ceux qui continueraient sa possession, par exemple ses héritiers. La prescription de trente ans est la seule que l'inventeur puisse invoquer rationnellement selon nous; le Code Napoléon nous semble formel sur ce point, et nous ne croyons pas qu'en présence d'un texte aussi précis que celui de l'art. 2279, il puisse exister une interprétation autre que celle que nous venons de proposer. L'inventeur n'a, croyons-nous, qu'une seule prescription à invoquer, celle de trente ans.

Quant aux biens vacants et sans maître, ils appartiennent à l'État, en vertu de la disposition de l'art. 713 du Code Napoléon.

54. Notre législation, on le voit, est très-incomplète sous ce rapport. Nous trouvons dans l'ancien droit une déclaration du 20 janvier 1699 relative aux objets perdus dans les bureaux de messageries, voitures publiques et bateaux; elle est encore en vigueur et attribue la propriété desdits objets à l'État au bout de deux ans. Plus récemment, le décret du 18 juin 1811 prescrit de faire mettre en fourrière les bestiaux qui seront trouvés vaguant sans maître, de les vendre s'ils n'ont pas été réclamés dans les huit jours, et de verser le produit du prix entre les mains du receveur de l'enregistrement. Enfin nous trouvons l'ordonnance de 1681 sur la marine, qui est encore en vigueur sur ce point; celle du 10 janvier 1770, et, dans le droit intermédiaire, la loi du 9 août 1791. Elles s'occupent des choses que la mer rejette, et c'est à elle que nous devons nous reporter actuellement, puisqu'il n'y a pas d'autres lois particulières à ce sujet, et que c'est à des lois particulières que l'art. 717 du Code Napoléon fait allusion.

Une question fort grave nous reste à examiner. Les rédacteurs du Code, nous venons de le voir, ont assimilé sous deux rapports la chose volée et la chose perdue : l'action en revendication du propriétaire contre le possesseur de bonne foi se prescrira, en effet, par trois ans à compter du jour de la perte ou du vol, et le voleur et l'inventeur, qui, tous les deux, sont de mauvaise foi, ne pourront prescrire à cause de cela que par trente ans. La loi me paraît formelle sur ce point : par

7

conséquent pas de difficulté ; mais la loi pénale doit-
elle placer et place-t-elle, en effet, sur la même ligne
ces deux situations que le Code civil assimile si complétement? L'individu qui a trouvé une chose perdue,
qui ne l'a point déposée entre les mains de la justice
ou des autorités, comme cela est prescrit, est-il passible des mêmes peines que le voleur? les magistrats du
ministère public doivent-ils le poursuivre à ce titre?
Plusieurs systèmes sont ici en présence.

55. Les tribunaux et la Cour suprême assimilent,
en général, complétement l'acte, fort indélicat il est
vrai, de l'inventeur qui conserve sciemment une chose
qu'il sait ne pas lui appartenir, et celui du voleur qui
s'empare frauduleusement de la chose d'autrui. La
jurisprudence fait toutefois une distinction. Elle admet
qu'il y a eu vol quand l'inventeur nie avoir trouvé la
chose, alors que le propriétaire la réclame ; dans le cas,
au contraire, où l'intention de rendre est évidente, la
supposition d'un vol ne saurait être admissible.

D'autres personnes pensent qu'il y a lieu d'examiner
si l'inventeur a pu raisonnablement croire que l'objet
perdu était abandonné, ou s'il a dû comprendre qu'il
avait encore un maître. Dans un cas, il serait puni, et
dans l'autre il n'encourrait aucune peine.

56. Quant à nous, notre opinion à cet égard est que
le fait de garder pour soi la chose d'autrui est, à la
vérité, un fait contraire à tout sentiment d'honneur et
de morale, mais que, malgré cela, il n'est pas puni par
nos lois comme vol. Cependant, aujourd'hui comme
dans l'ancien droit (1), l'inventeur qui n'aurait pas dé-

(1) Pothier, *Tr. de la prescript.*

posé l'objet trouvé à la préfecture de police ou au
greffe de la justice de paix pourrait être condamné à
une amende, comme ayant contrevenu aux règlements
administratifs légalement faits (1). Il peut donc y
avoir et il existe, en effet, des rapports très-étroits
entre le vol et l'appropriation par l'inventeur de ce qu'il
a trouvé ; mais, au point de vue pénal, nous ne croyons
pas que l'on puisse en trouver de sérieux.

57. Il existe une différence profonde, au point de vue
du droit civil, entre l'abus de confiance et le vol. C'est
selon nous avec raison. En effet, le mot *vol,* dans notre
droit français moderne, n'a point, à beaucoup près, une
signification aussi large et aussi étendue que celle
qu'il comportait à Rome. Qu'est-ce que le vol d'après
la définition des Instituts de Justinien (2)? C'est
omnis contrectatio rei fraudulosa : tout maniement,
tout attouchement frauduleux de la chose. Qu'est-
ce que le vol d'après notre droit pénal? la soustraction frauduleuse du bien d'autrui (3). Or, dans
le cas d'abus de confiance, on ne peut pas dire
qu'il y a soustraction frauduleuse, puisque l'objet se
trouvait entre les mains du coupable ; et, bien que les
peines édictées par nos lois pénales contre ceux qui
commettent ce délit soient à peu près les mêmes que
celles portées contre les voleurs, ce n'est pas une
raison suffisante pour assimiler, au point de vue civil,
le vol et l'abus de confiance. Dans le dernier cas, il y a
un reproche à adresser au demandeur : celui de ne

(1) Art. 471-15° C. pén.
(2) Liv. IV, tit. i.
(3) Art. 379 C. pén.

point s'être suffisamment renseigné, d'avoir été négligent en plaçant mal sa confiance ; il n'y a au contraire rien à dire à l'égard de la victime d'un vol.

58. Malgré les motifs que nous venons de donner en faveur de notre opinion, nous devons avouer que le système contraire est soutenu par M. Delvincourt (t. II, p. 885), qui dit formellement que le dépositaire ou le commodataire qui vendent la chose qu'on leur a prêtée ou déposée se rendent coupables de vol. Quoi qu'il en soit, nous persévérons, pour les motifs que nous avons développés, dans l'opinion que nous venons d'émettre.

59. Une question presque identique à celle-ci se présente encore : elle consiste à décider si *l'escroquerie* doit être ou non assimilée au vol. Par exemple, un individu imite l'écriture et la signature d'un de mes amis pour me demander de lui prêter un objet. Persuadé que sa lettre vient de mon ami, je lui envoie la chose qu'il désire, puis il la vend à un acheteur de bonne foi. L'action déloyale que nous citons dans cette espèce présente certainement de grands rapports avec le vol, des rapports si saisissants même que plusieurs arrêts ont adopté l'affirmative et qu'un jurisconsulte éminent (1) la soutient aussi. L'art. 2279 semble, au premier abord, être favorable à cette interprétation. Il existe cependant des différences entre ces deux faits. Il est plus facile de se prémunir contre l'escroquerie que contre le vol. Dans la première hypothèse, la victime du délit a à se reprocher d'avoir

(1) M. Troplong

suivi trop facilement la foi d'un inconnu. Elle n'était pas *sûre* de la personne avec laquelle elle traitait, et la meilleure preuve, c'est qu'elle a été trompée. Dans le cas de vol, au contraire, le propriétaire de l'objet volé a été dans l'impossibilité complète de se préserver de ce délit. La jurisprudence aujourd'hui est complétement fixée à ce sujet, et c'est ce dernier système qu'elle adopte (1). Quant à nous, il nous semble tout à fait conforme à l'esprit de la loi. Quel est en effet le but de la maxime de l'art. 2279? C'est de favoriser le commerce autant que faire se peut. Deux exceptions ont paru et étaient, croyons-nous, effectivement nécessaires pour les cas de vol ou de perte. Là s'arrête la portée de notre article. L'escroquerie n'est évidemment pas le le vol puisque le Code pénal ne la punit point des peines qu'il inflige à l'auteur d'un vol; la loi civile, par conséquent, n'a pas dû confondre ces deux délits, et, si elle avait voulu confondre l'escroquerie avec le vol, elle n'eût pas manqué de l'exprimer d'une manière formelle.

60. Après avoir admis, à propos des cas de perte ou de vol, une exception à la maxime générale que l'intérêt du commerce leur avait fait écrire dans l'art. 2279, les rédacteurs du Code Napoléon ont cru devoir consacrer encore une exception à celle qu'ils venaient de créer, et c'est dans l'art. 2280 qu'ils l'ont fait. Cet article s'occupe du cas où le possesseur d'un objet a acheté la chose qu'il détient dans une foire ou marché, ou dans

_____

(1) Cour de cass., 20 mai 1825 ; — Cours de Paris, 21 nov. 1835, et de Rouen, 12 mars 1836.

une vente publique, ou d'un marchand vendant des choses pareilles, et il décide que le propriétaire ne pourra profiter, dans cette circonstance, de l'action en revendication qu'à la condition de rembourser à l'acheteur de bonne foi le prix d'acquisition que celui-ci a déboursé. On ne saurait effectivement trouver aucun reproche à adresser à celui qui achète dans les cas ci-dessus énoncés, toutes les circonstances tendent à le rassurer, et aucune espèce d'imprudence n'a été commise par lui. Celui qui, au contraire, achète d'un inconnu n'a pas pris de précautions suffisantes; en admettant qu'il ait été de bonne foi, ce qui du reste est supposé par notre article, il a été un peu imprudent; si cette imprudence lui fait perdre l'objet qu'il a acquis, il ne peut, jusqu'à un certain point, s'en prendre qu'à lui.

61. Les rédacteurs du Code n'ont, du reste, pas fait, par l'art. 2280, une innovation complète. Cette règle se trouve dans le droit intermédiaire. L'art. 11 de la loi des 26 septembre, 6 octobre 1791, porte que celui qui achètera des bestiaux en dehors des foires ou marchés sera tenu de les restituer gratuitement au propriétaire dans l'état où ils se trouveront, dans le cas où ils auraient été volés. Cette règle n'est autre que celle du Code; seulement cette dernière est plus étendue dans son application.

62. La personne qui, dans les cas dont nous parlons, revendique un objet doit rembourser à l'acquéreur de bonne foi, outre le prix que celui-ci a déboursé, les dépenses qu'il peut avoir faites pour conserver la chose ou même pour lui donner une plus-value quel-

conque en l'améliorant. On distingue souvent entre
les dépenses *nécessaires* et les dépenses *utiles*. Ici
nous n'admettons point, pour notre part, de distinction. Quel est en effet le but de l'art. 2280? C'est de
protéger la propriété et en même temps l'intérêt public
et le commerce, car aucune sécurité n'existerait sans
la règle que consacre cet article. Il est indispensable
que le propriétaire puisse recouvrer sa chose et que
l'acquéreur de bonne foi ne perde rien. Pour que ce
double but soit pleinement atteint par le Code, pour
qu'il n'y ait perte ni d'un côté ni d'un autre, il faut
évidemment admettre que les dépenses utiles faites
par l'acquéreur de bonne foi lui soient remboursées
entièrement par le propriétaire.

63. Pothier, au n° 348 de son *Traité de la propriété,*
pose à ce sujet l'hypothèse suivante : Un homme de
bonne foi achète dans un marché, à un homme faisant
le commerce des chiens, un jeune chien de chasse,
puis il le fait instruire, et l'éducation de l'animal lui
coûte naturellement une certaine somme ; or ce chien
avait été volé et son maître qui le reconnaît le revendique dans le délai légal : il devra, sans aucun doute,
rembourser et le prix que l'acquéreur a payé au vendeur et les dépenses nécessaires faites pour la conservation de l'animal, par exemple les frais de nourriture.
Mais l'auteur demande si le revendiquant devra aussi
tenir compte des dépenses faites pour dresser le chien,
et il résout la question par une distinction : Si le propriétaire du chien est chasseur, il devra payer les
frais d'éducation de son chien ; il en sera de même
s'il fait le commerce des chiens, parce que, dans un

cas comme dans l'autre, l'instruction de l'animal lui aurait réellement profité d'une façon appréciable. Dans le cas contraire, il ne devrait rien. Selon nous, dans cette espèce, toute distinction doit être rejetée, et une solution unique admise pour les deux cas. Il est évident que le chien qui n'était propre à aucun service au moment où il a été acheté par un acquéreur de bonne foi a acquis, par suite de l'éducation qu'on lui a fait donner, une plus-value réelle. En conséquence on doit, ce nous semble, décider, dans tous les cas, que le propriétaire revendiquant doit rembourser à l'acquéreur du chien les dépenses que le dressage de celui-ci a coutées. Cette opinion nous paraît tout à fait conforme à la maxime de droit naturel en vertu de laquelle personne ne doit s'enrichir aux dépens d'autrui, et au texte même de l'art. 1634 C. N., qui consacre formellement cette règle. Mais il est bien entendu que l'acheteur de bonne foi ne pourra se faire rembourser que des dépenses qui auront donné à la chose une plus-value réelle.

64. Tout ce que nous venons de dire à l'égard du détenteur actuel de l'objet dans les cas désignés par notre article doit évidemment, et malgré le silence de la loi, s'appliquer au cas où ledit possesseur aurait acheté dans d'autres circonstances, si celui de qui il tient la chose l'a achetée dans les circonstances que notre article prescrit. Cela est d'autant plus certain que, dans le cas où le propriétaire refuserait de rembourser à l'acquéreur son prix d'achat, celui-ci n'aurait qu'à forcer son vendeur à intervenir, et ce dernier, qui, conformément à la loi, lui doit la garantie, obligerait le

propriétaire revendiquant à rembourser. Quant au cas où le prix de la revente serait plus élevé que celui que le vendeur aurait payé pour l'achat de la chose, il nous semble que, s'il se présentait, il serait juste de permettre au possesseur actuel de l'objet de se faire rembourser la totalité du prix qu'il a payé pour l'acquisition dudit objet. L'admission du système contraire nous semblerait en effet peu conforme à l'équité.

APPENDICE.

DIVERS CAS D'APPLICATION DE LA RÈGLE
DE L'ART. 2279.

I.

65. Nous avons déjà vu précédemment que la maxime *En fait de meubles possession vaut titre* était loin d'être admise dans notre ancien droit par la totalité des coutumes. Le principe que l'on trouve le plus souvent lorsque l'on consulte nos anciens auteurs, c'est que *Pour simples meubles on ne peut intenter complainte* (1). L'opinion qu'émettaient ces jurisconsultes venait évidemment du peu de prix que l'on attachait alors à la possession et à la propriété des meubles, et cette opinion s'est reproduite dans le Code Napoléon.

En droit romain, il existait seulement un interdit, l'interdit *utrubi*, qui servait à maintenir la possession mobilière (*retinendæ possessionis*).

Dans notre droit actuel, on ne trouve, dans la matière qui nous occupe, aucune espèce de distinction entre le possessoire et le pétitoire. C'est ce qui est suffisamment démontré par l'art. 2279, et notamment par sa

---

(1) Loysel.

seconde partie, laquelle, dans le cas de perte et de vol, c'est-à-dire dans ceux où la loi doit se montrer le plus favorable aux demandeurs, n'accorde que la revendication, c'est-à-dire l'action pétitoire. L'action possessoire ne peut donc jamais être employée. Tous les auteurs sont, du reste, d'accord sur ce point, et la lecture de l'exposé des motifs et des travaux préparatoires ne peut laisser aucun doute à cet égard.

66. Dans l'ancien droit comme dans le droit moderne, le possessoire et le pétitoire étaient confondus, mais deux exceptions étaient admises. L'une avait rapport aux choses dites *saintes*, telles que les objets de piété, les reliques par exemple. Elle n'existe plus aujourd'hui; il est évident qu'il n'y a aucune distinction à faire, sous aucun rapport, entre ces objets et les autres. La seconde exception concernait les universalités de meubles, et la discussion sur ce point est fort vive entre les commentateurs du Code Napoléon.

67. Nous croyons, pour notre part, que les universalités de meubles doivent être assimilées encore aujourd'hui aux biens immobiliers, et nous appuyons cette opinion sur ce que l'ordonnance de 1667 établit que celui qui est troublé dans la possession et jouissance d'un héritage ou droit réel, ou *universalité de meubles*, peut former complainte dans l'année du trouble. Le Code, on le sait, ne réglemente pas tous les points de droit, et ceux qu'il a omis sont régis par les coutumes et les lois anciennes; par conséquent, cette différence entre les meubles et les universalités de meubles ayant été autrefois admise, et les rédacteurs du Code Napoléon ayant omis d'en faire mention, l'ancienne règle

doit subsister, et l'ordonnance de 1667 continue d'être
en vigueur. Changer aujourd'hui ce système, que notre
ancienne législation admettait incontestablement et
d'une manière universelle, serait le comble de l'arbitraire.

L'ordonnance de 1667, que nous venons de citer,
porte que, lorsqu'on est troublé dans la possession ou
jouissance d'une universalité de meubles, on peut former complainte dans l'année, « *en cas de saisine et
nouvelleté, contre celui qui a fait le trouble.* »

68. On s'est servi de ces mots pour soutenir que l'action possessoire se fondait seulement sur la saisine
héréditaire, et l'on a été jusqu'à dire, à cause de cela,
que la question qui nous occupe ne se présente pas en
pratique et ne peut pas s'y présenter; que l'action possessoire se confondait avec la pétition d'hérédité, et
que toute la question en pareille matière consiste à
savoir si celui qui se dit saisi d'une universalité de meubles peut intenter l'action possessoire contre l'auteur
du trouble.

69. Cette opinion, suivant nous, est loin d'être juste,
et elle est du reste contredite par la majorité des jurisconsultes, et notamment, dans l'ancien droit, par Pothier. Cet illustre auteur, après avoir rappelé que la coutume de Paris apporte pour exemple d'une universalité
de meubles, pour laquelle elle permet d'intenter la com-
complainte, celui d'une succession mobilière, pose
l'hypothèse suivante : « Je me suis mis, dit-il, en possession de la succession mobilière d'un défunt; j'en ai
joui pendant un an et un jour : je puis intenter contre le
tiers qui vient troubler ma possession la complainte aux

fins d'être maintenu et gardé en la possession de cette
succession, sauf à lui à se pourvoir au pétitoire. »
L'opinion que Pothier émet ici est évidemment que l'action possessoire n'est pas fondée sur la saisine héréditaire, mais bien sur la possession dans le sens le plus
exact du mot, sur la détention réelle et effective de la
succession. Et non-seulement les quelques lignes de
Pothier que nous venons de citer nous engagent à per-
sévérer dans l'opinion que nous avons émise et que
nous cherchons à faire triompher ici, mais nous nous
demandons quel motif on pourrait alléguer pour soutenir le système contraire. Nous ne voyons pas qu'il
en existe.

II.

70. L'on convient généralement que la maxime posée
par l'art. 2279 embrasse tous les objets que l'on désigne
ordinairement sous le nom de meubles ; cependant les
universalités de meubles et les meubles incorporels ne
sont pas soumis à cette règle. En effet, si l'on se reporte
à la discussion et à l'exposé des motifs de la décision
que les rédacteurs du Code ont consacrée par cet article, on y voit que, s'ils ont adopté cette idée, c'est
qu'ils ont compris que celui qui traite avec le possesseur, le détenteur d'un meuble, est obligé de suivre sa
foi, de s'en rapporter entièrement à lui quand il se dit
propriétaire de l'objet, puisque les ventes en matière de
meubles sont, précisément à cause de la nature des
choses qui en font l'objet, très-rarement constatées par
des actes écrits, et, outre cela, que les meubles sont, par

la rapidité et la facilité avec laquelle ils circulent, excessivement difficiles à reconnaître d'une façon certaine. Si l'on eût rejeté la règle de notre article, les procès se fussent multipliés, au sujet de la revendication d'effets mobiliers, d'une façon effrayante et fort gênante à plusieurs points de vue, et le commerce en eût profondément souffert.

71. Toutes les fois donc qu'un meuble ne présente pas ces caractères qui ont rendu indispensable l'adoption par le législateur de la maxime de l'art. 2279, celle-ci ne devra pas lui être appliquée. Les meubles incorporels, les rentes ou créances et les universalités de meubles doivent être rangés dans cette catégorie. En pareil cas, en effet, il existe toujours quelque titre que l'on peut consulter, dont on peut exiger l'exhibition, afin de s'assurer si les objets mobiliers de l'espèce dont nous venons de parler sont bien réellement la propriété de ceux qui les détiennent. Si l'on n'agit point avec prudence, on ne doit s'en prendre qu'à soi : la loi ne doit point de protection à ceux qui sont assez peu soucieux de leurs intérêts pour négliger de prendre d'aussi simples précautions. Quelques exemples feront mieux sentir encore combien il est facile de se prémunir en pareil cas contre la fraude d'un possesseur.

72. Supposons que Titius veuille me vendre une créance qu'il prétend avoir sur Marius, et que j'accepte sa proposition. Si je ne veux pas m'exposer à être trompé, je consulterai le titre de la créance, et, dans le cas où je verrai qu'il n'est pas au profit de Titius, la plus simple prudence me défend de traiter avec lui, puisque rien ne m'indique que cette créance lui appar-

tienne réellement. Nous savons bien que la remise du titre original sous seing privé faite volontairement par le créancier à son débiteur libère ce dernier ; c'est une sorte de contrat de donation. Quand, au contraire, c'est à un autre que son débiteur que la remise a été faite par le créancier, l'intention de faire une libéralité n'est point fatalement présumée, et un acte de donation ou de cession quelconque est exigé pour que le possesseur du titre en soit réputé propriétaire.

73. A l'égard de l'hypothèse dans laquelle deux cessionnaires d'une même créance se disputeraient la propriété de celle-ci, elle se trouve prévue et réglée par l'art. 1690 Code Napoléon, qui donne, en pareille matière, gain de cause à celui des deux acquéreurs qui le premier aura fait la signification du transport au débiteur ou qui en aura obtenu l'acceptation dans un acte authentique. La règle « En fait de meubles, possession vaut titre » reçoit ici, en vertu de l'article que nous venons de citer, une exception formelle.

Quant aux effets au porteur, nul doute que l'article 2279 ne leur soit applicable, ainsi qu'à tous les meubles incorporels quelconques qui se transfèrent par tradition. La nature des effets au porteur, le but que l'on s'est proposé en les créant, et que l'on se propose aussi lorsqu'on les emploie, ainsi que l'intérêt du commerce, rendent inadmissible toute solution contraire à celle-ci. L'art. 35 du Code de commerce déclare, du reste, formellement que la cession d'un titre au porteur s'opère par la simple tradition du titre, et il est conforme à la nature même de ce titre qu'il en soit ainsi.

74. Nous pensons avoir démontré que la règle de notre art. 2279 ne concernait pas les meubles incorporels ; nous croyons qu'il en est de même à l'égard des œuvres littéraires. Suivant nous, celui qui aurait entre les mains le manuscrit d'un ouvrage de ce genre ne pourrait venir opposer ni à l'auteur ni à ses héritiers l'art. 2279 pour s'en dire propriétaire. La raison qui nous porte à adopter cette opinion est qu'un poëme, un roman, en un mot une œuvre de littérature quelconque, est une sorte d'immeuble incorporel. En effet, quelle est la chose qui représente une valeur pour l'auteur, une valeur dont il peut tirer parti ? Ce n'est certainement pas le papier, le livre, envisagé au point de vue matériel, ce sont les idées qui s'y trouvent exprimées ; si donc un tiers de bonne foi reçoit un manuscrit d'une personne qu'il en croyait propriétaire, mais qui ne l'était pas réellement, ce tiers ne pourra valablement se prévaloir de la règle de l'art. 2279 pour repousser l'action de l'auteur ou de ses héritiers.

III.

75. L'art. 2279 s'applique évidemment au cas où une personne a reçu d'une autre qu'elle croyait propriétaire un objet de la main à la main. Les donations manuelles sont, en effet, valables, du moins nous le croyons fermement, bien que ce point soit controversé. Il nous semble, en effet, que cette tradition rapide s'applique complétement à la nature des meubles, et que le législateur, qui n'a pas refusé d'admettre la maxime de notre art. 2279, ne peut avoir voulu rejeter

ce mode si facile de transmission, dont cette règle
même n'est que la conséquence. Le doute doit, du
reste, cesser, ce nous semble, en présence de quelques mots contenus dans le rapport fait au tribunat
et qui expriment d'une façon formelle l'idée que, si
le projet de loi ne s'occupe pas des donations faites de
la main à la main, c'est parce que ces dons « ne sont
susceptibles d'aucune forme » et qu'il n'y a à leur
égard « d'autre règle que la tradition. » L'histoire de
notre droit milite également en faveur de ce système.
Pothier, Domat et tous les auteurs qui ont écrit sur
notre ancienne jurisprudence sont d'accord sur ce
point et appuient de leur autorité et de leurs arguments
l'opinion que nous émettons. L'ordonnance de 1731
sur les donations est muette, il est vrai, à ce sujet ;
mais d'Aguesseau, qui la rédigea, est de l'avis des autres jurisconsultes de cette époque. La maxime « En
fait de meubles possession vaut titre » pourra donc,
croyons-nous, être invoquée, dans les cas de dons ma-
nuels ayant pour objet des meubles, lorsqu'il y aura
eu tradition faite à une personne de bonne foi.

IV.

76. Parmi les diverses applications que le législateur a lui-même faites de la règle de notre art. 2279,
il n'en est pas de plus importante, croyons-nous, que
celle qui concerne le locateur de maisons ou de fermes.
Elle se trouve dans le §1er de l'art. 2102, qui établit en
faveur du locateur un privilége portant sur tous les
objets qui garnissent l'immeuble loué, et l'autorise à

8

exercer son privilége, même sur les choses appartenant à des tiers et qui se trouveraient chez lui, pourvu
qu'il soit de bonne foi, c'est-à-dire qu'il ait cru que ces
objets appartenaient à son locataire ou à son fermier.

77. La loi a toutefois commis une omission fort
grave dans cet article : elle a oublié (ce qu'elle eût dû
faire d'une manière formelle) d'indiquer ce que l'on
doit entendre par « objet garnissant, » ou, tout au
moins, quels étaient les indices auxquels on devait les
reconnaître. Il a donc fallu que les divers commentateurs de notre Code cherchassent, dans l'intérêt de
ceux qui sont soumis à ses lois, une solution quelconque. Un nombre assez considérable de systèmes ont été
proposés à ce sujet ; ils diffèrent selon que les jurisconsultes qui les proposent sont plus ou moins favorables au privilége.

78. Les uns ont dit que l'on devait considérer comme
garnissant tous les objets que le locataire avait apportés dans la maison ou la ferme. M. Persil, notamment, est de cet avis ; mais il fait cependant une exception à l'égard des titres de créances et de l'argent
comptant qui peuvent s'y trouver.

Suivant d'autres jurisconsultes, il ne faut regarder
comme garnissant que les objets *apparents*. Si l'on
admet cette opinion, on n'envisagera comme tels que
les choses que le locataire ou le fermier laissera voir,
ne mettra pas sous clef, qu'il laissera traîner, si nous
pouvons employer cette expression. Ainsi, tout ce qui
sera dans les armoires, commodes, buffets, etc., ne
sera pas réputé meuble garnissant. Cette opinion a
pour elle l'autorité de M. Troplong.

Dans un troisième système , on considère comme garnissant tout objet qui doit forcément, soit à cause de sa nature, soit parce qu'il est nécessaire à l'exploitation du bien , y être attaché , y rester nécessairement : tels sont les meubles nécessaires dans les appartements, soit pour l'usage des habitants , soit pour l'ornement, les choses mises dans des endroits destinés à les recevoir , faits exprès pour les renfermer , par exemple les objets servant à un commerce et qui se trouveraient dans des magasins, les tonneaux qui seraient dans les caves, etc. ; tous les autres meubles ne sont pas garnissants. Ainsi donc l'habitude que l'on a en général de mettre un objet dans une place plutôt que dans une autre servira de distinction, d'après cette opinion , entre les meubles qui garnissent et ceux qui ne garnissent pas. M. Duranton, t. XXXIX, nos 79 et 88, et M. Valette, expriment cette idée. Le dernier, toutefois, dit que l'on doit considérer comme objets garnissant, certains meubles ordinairement renfermés, tels que le linge qui est dans les armoires. Telles sont les trois opinions principales exprimées par plusieurs jurisconsultes éminents.

79. Quant à nous, il nous semble qu'il n'y a ici aucune raison de faire des distinctions puisque la loi, elle, n'en a point fait. Les objets qui, selon le Code, garnissent la maison louée ou la ferme sont donc, suivant notre opinion, tous ceux qui la garnissent physiquement, c'est-à-dire tous ceux qui s'y trouvent non accidentellement. Le législateur ne paraît pas le moins du monde s'être préoccupé de la question de savoir si un meuble était apparent ou non, s'il se trouve placé

dans un lieu qui lui est naturellement destiné ou dans un autre. Tous les meubles donc, suivant la lettre et l'esprit de la loi, garnissent un immeuble du moment où ils s'y trouvent.

80. A l'appui de notre opinion, nous pouvons encore citer plusieurs passages de l'auteur illustre que les rédacteurs du Code ont copié souvent presque littéralement dans plusieurs parties de leur travail. Pothier nous dit, en effet, au sujet de l'art. 171 de la Coutume de Paris : « Sont privilégiés les propriétaires des maisons sur les meubles étant dans ladite maison. » Aucune distinction de l'espèce de celle que nous avons indiquée tout à l'heure n'est faite par lui ; il dit au contraire formellement, au nº 148 de son *Traité du louage*, que les meubles que le locataire ou le fermier a mis dans la maison louée ou la ferme sont obligés au propriétaire, « qu'ils soient en évidence, ou que ce soient des objets renfermés, tels que des bijoux et autres choses semblables. » Quelques exceptions sont cependant faites par l'éminent jurisconsulte ; il cite notamment les choses qui ne se trouvent qu'accidentellement dans la maison, qui n'y ont été déposées que pour quelques jours. Il est bien entendu pourtant que les marchandises qu'un commerçant dépose dans son magasin et qui, par conséquent, peuvent en disparaître d'un moment à l'autre par l'effet d'une vente, doivent être considérées comme le gage du locateur. L'argent comptant, étant destiné à être dépensé pour ainsi dire à chaque instant et en dehors de la maison, ne doit pas être considéré comme affecté au privilége du propriétaire, et il en est de même, sans aucun doute, des

titres de créances qui peuvent se trouver dans la maison. Pothier fait observer, avec toute raison selon nous, que ces titres ne font pas partie des choses qui sont dans la maison ; qu'ils ne doivent être considérés que comme de simples instruments servant à prouver l'existence des créances, et ne sont point les créances mêmes, les créances ne pouvant être dans aucun lieu puisqu'elles sont incorporelles et consistent seulement dans un droit.

81. Pourquoi ne se guiderait-on pas aujourd'hui encore sur l'opinion de Pothier? Les législateurs de 1804 n'ont certainement pas eu l'intention d'agir à l'encontre de l'idée qu'il exprime, puisque, bien souvent, ils l'ont presque littéralement copié, et que s'ils avaient voulu s'écarter ici de son système, il est plus que probable qu'une expression formelle l'eût indiqué dans la loi et que les mots ne seraient pas identiquement les mêmes que ceux employés par le grand jurisconsulte. Il nous semble du reste que ce système est complétement conforme tout à la fois au texte, à l'esprit de la loi et au droit naturel, ou plutôt à l'intention présumable et présumée par le législateur, des parties : au texte, puisque les meubles qui garnissent un appartement sont évidemment tous ceux que l'on a l'habitude d'y mettre ; à l'esprit de la loi, parce qu'il est évident que les rédacteurs du Code ont eu en vue de faciliter le crédit du locataire en donnant au propriétaire une sûreté suffisante ; à l'intention présumée des parties, parce que le locataire et le locateur sont, au moment du bail, implicitement convenus de considérer comme gage l'ensemble des effets mobiliers placés par le pre-

mier dans la maison. Le Code de procédure, en éta-
blissant en faveur du propriétaire la *saisie-gagerie*, a,
croyons-nous, confirmé complétement le système que
nous venons de développer. Or le Code de procédure
n'a fait que reproduire, dans l'art. 819, où il établit que
le propriétaire pourra saisir les meubles qui seront
dans la maison, la règle écrite dans plusieurs de nos
anciennes coutumes, et notamment dans celle de Paris.
Il n'y a donc pas lieu de donner à ces mots un sens
autre aujourd'hui que celui qu'ils avaient autrefois : les
rédacteurs du Code auraient certainement pris soin de
ne pas employer les mêmes expressions s'ils n'avaient
pas exprimé la même idée.

82. Nous avons tout à l'heure passé en revue trois
exceptions faites par Pothier à notre système. Le
Code n'en parle pas : est-ce à dire pour cela qu'il n'ait
pas voulu les reproduire ? Nous croyons au contraire
qu'il a totalement admis le système de Pothier, d'autant mieux que les exceptions relatives à l'argent et
aux titres de créances sont toutes naturelles.

Le législateur, dans notre art. 2102, a fait une
exception à une règle importante qui prend sa source
dans le droit naturel, à savoir : que l'on acquiert des
droits seulement sur les biens de la personne avec
laquelle on traite. D'après notre article, en effet, tous
les meubles qui garnissent la maison louée sont compris dans le privilége du locateur, qu'ils appartiennent
ou non au locataire. Une condition bien rationnelle
est cependant posée par la loi : il faut que le propriétaire ignore que les meubles qui sont apportés dans la
maison par son locataire ne sont pas à celui-ci. C'est

une application excessivement étendue de la maxime
« En fait de meubles, possession vaut titre. » Cette
règle, du reste, s'écarte plus en apparence qu'en
réalité des principes du droit naturel ; c'était au déposant, à celui qui a loué ou donné en gage des objets
à ne pas se fier à celui auquel il a confié ces objets, à
ne pas suivre sa foi. Ces meubles ont été apportés par
la personne à laquelle on les avait imprudemment
livrés dans une maison qu'elle a louée ; le propriétaire
de cette maison a dû croire, en les y voyant placer,
qu'ils appartenaient à son locataire et allaient lui servir
de gage : on n'a donc aucune espèce de reproche à lui
adresser. Il est, dans ce cas, assimilé à un acheteur ;
il a été mis en possession, et il est de bonne foi.

83. Nous venons de voir que, en règle générale, les
meubles apportés par le locataire ou le fermier dans la
maison louée ou la ferme doivent être regardés comme
faisant partie du privilége du propriétaire locateur ;
une exception toutefois doit être apportée à ce principe ; elle a rapport aux choses volées ou perdues.

84. La personne qui donne un meuble en dépôt, en
gage, etc., à un locataire consent d'une manière tacite
à ce qu'il serve de sûreté au propriétaire, car elle
n'ignore pas que tous les objets qui garnissent une
maison louée sont employés à assurer le payement du
loyer. Aucune idée semblable ne peut évidemment exister de la part du maître d'une chose volée ou perdue ;
il ne sait pas, en effet, où se trouve l'objet qu'il a perdu
ou qui lui a été frauduleusement soustrait ; il ignore
s'il est entre les mains d'un locataire ou d'une autre
personne, s'il est placé dans une maison louée ou dans

tout autre lieu. La loi a voulu, et avec toute raison, suivant nous, protéger le droit de gage; mais le droit de propriété est plus important encore, et la règle de l'art. 2102 est évidemment inapplicable ici toutes les fois que le propriétaire a réclamé dans le délai de trois ans l'objet qu'il a perdu ou qui lui a été volé.

85. Pour reconnaître si un objet est ou n'est pas affecté vis-à-vis du propriétaire locateur au payement du loyer, le meilleur système, croyons-nous, est d'examiner si celui-ci a dû et a pu raisonnablement croire que ledit objet devenait son gage tacite. Ainsi, dans le cas d'une maison louée à un ouvrier, les choses qui lui seraient données à réparer, ne pouvant être que passagèrement déposées chez lui, ne sauraient être considérées comme étant obligées à l'égard du proprietaire; il ne pourrait pas dire, de bonne foi, qu'il a cru que ces choses étaient déposées chez lui à titre de gage.

Les rédacteurs du Code ne se sont pas contentés d'accorder au propriétaire un privilége sur tous les meubles apportés par le locataire pour garnir la maison; ils ont été plus loin, et ont admis à son profit une règle exorbitante du droit commun. On sait, en effet, que le privilége d'un créancier ne subsiste, lorsqu'il porte sur des meubles, qu'autant que la chose qui en fait l'objet est dans le patrimoine du débiteur, et qu'il cesse dès que cette chose n'est plus entre les mains de celui-ci. Telle est la règle générale; mais la loi a introduit une exception à ce principe en faveur du locateur: pour lui les meubles ont suite par privilége, en ce sens qu'il peut poursuivre le payement de son loyer même sur les meubles qui ont été enlevés de la maison ou de la ferme, pourvu que cet enlèvement ait eu lieu sans son consentement. Il y a, en effet, dans un cas semblable, vol d'un droit de gage qui avait été établi dans l'intérêt du locateur ; le législateur le considère alors comme le propriétaire d'un objet volé, qui peut revendiquer sa chose dans quelque main que ce soit ; il peut donc reprendre également les objets qui lui garantissaient le payement de son loyer partout où il les trouve. Seulement, comme il était nécessaire de limiter son action dans l'intérêt de la sécurité du commerce, on ne lui accorde, pour revendiquer, que 15 ou 40 jours : 15 jours, si les meubles enlevés garnissaient une maison ; 40, s'ils étaient placés dans une ferme. Ce droit nous semble lui être donné aussi bien dans le cas où les meubles restés dans sa maison ou sa ferme présentent une valeur suffisante pour lui assurer le payement de sa créance, que dans celui où leur prix offre une différence plus ou moins grande avec celui du loyer. Ce point, du reste, est controversé, et les arguments que fournissent les jurisconsultes opposés à cette opinion sont assez sérieux pour que nous les développions au moins succinctement.

86. Si l'on prenait, disent nos adversaires, le gage du locateur et la revendication qui en découle dans toute l'extension que ces droits semblent comporter, il faudrait aller jusqu'à dire, par une conséquence toute naturelle, que, dès qu'un objet est entré dans une maison louée ou dans une ferme, il ne peut plus en être enlevé sans le consentement formel du propriétaire ; qu'un commerçant, par conséquent, se verra dans l'impossibilité d'opérer la moindre vente avant d'en avertir

son propriétaire et d'obtenir son autorisation; que le
fermier ne pourra pas vendre les bêtes de cheptel dont
il sera urgent de se débarrasser à cause de leur vieil-
lesse ou de leurs infirmités. Aucune maison ne serait
louée à ce prix, ou bien les procès, déjà si fréquents
entre propriétaires et locataires, atteindraient un nombre prodigieux. Que veut, du reste, la loi? que le propriétaire ait sous la main, dans la maison qu'il a donnée
à bail, une quantité de meubles suffisante pour lui
assurer le payement de son loyer; eh bien, ce but est
atteint si la valeur des meubles placés dans la maison
représente celle du loyer; il serait donc injuste et su-
perflu de gêner le locataire.

87. Ces raisons, toutefois, nous paraissent loin d'être
convaincantes : la loi, en effet, comme nous avons
déjà eu occasion de le dire, ne fait aucune distinction
dans le texte de l'art. 2102; elle parle seulement des
meubles garnissant la maison louée ou la ferme ; dès
lors donc qu'un objet rentre visiblement dans cette catégorie de meubles garnissant, aucune autre circonstance ne doit arrêter du moment où ce meuble a été
mis par le locataire dans la maison.

Il est vrai que l'on peut, jusqu'à un certain point,
nous opposer le texte de l'art. 1752, qui dit que le propriétaire peut exiger du locataire que celui-ci apporte
dans la maison louée des meubles *suffisants* pour assurer le payement du loyer. Mais cette hypothèse
n'est pas la même que celle que l'art. 2102 prévoit.
Celui-ci frappe sans distinction tous les meubles apportés dans la maison par le locataire ; tant pis pour lui
s'il a placé plus de meubles qu'il ne fallait pour la sûreté

du locateur, et tant mieux pour celui-ci; le privilége les frappe tous, et nul d'entre eux ne peut sortir de l'immeuble sans le consentement du propriétaire, puisque celui-ci a sur tous un droit acquis. Tout ce que l'on peut dire contre le législateur, c'est qu'il a eu tort de ne pas créer un droit de réduction en matière de gage, de n'avoir pas fait dans l'art. 2102 ce qu'il a fait pour les hypothèques générales dans l'art. 2161.

88. Le système que nous repoussons présente, du reste, de graves inconvénients. Le locataire pourrait, étant ou non de bonne foi, déplacer à chaque instant des objets; il en résulterait une multitude de procès, ce qui ne saurait avoir lieu dans celui que nous soutenons.

Examinons maintenant ce qui doit se passer lorsqu'il s'agit de marchandises apportées dans un magasin. Il est évident que, dans ce cas, ces marchandises pourront être vendues, et par conséquent sortir du magasin, car il y aura eu consentement de la part du locateur, consentement tacite il est vrai, mais qui pour cela n'en est pas moins valable et suffisant. Lorsqu'en effet, un propriétaire loue une maison pour que le locataire en fasse un magasin, il sait qu'une certaine partie des objets qui y sont déposés est destinée à être vendue, ce que la nature des objets, ainsi que celle du commerce, ne manque pas de lui indiquer.

89. Telle est, croyons-nous, l'interprétation la plus logique des règles que la loi a posées au point de vue du privilége du propriétaire locateur; elles ont, ainsi qu'on peut le voir, leur fondement dans une idée de gage et de nantissement tacite; par conséquent tout

ce que nous venons de dire des objets apportés par le locataire ou le fermier dans une maison louée ou dans une ferme s'applique aux choses données en gage. La loi veut, pour que le gage soit parfait, que le débiteur se soit dessaisi, de l'objet, de façon qu'il soit visible, pour les tiers qui voudraient traiter avec lui, qu'il n'en est plus possesseur. Qu'il s'en dessaisisse d'une façon ou d'une autre, cela importe peu ; ainsi il n'est pas besoin que l'objet soit remis par le détenteur entre les mains du créancier lui-même, il peut l'être tout aussi valablement entre celles d'un tiers convenu entre les parties, le créancier en devenant alors possesseur civil, bien qu'il n'en soit pas physiquement, corporellement détenteur. Si le créancier était possesseur à titre précaire de l'objet, celui-ci peut lui être laissé, et le gage sera valablement constitué ; mais le seul consentement des parties ne pourrait suffire, parce que les tiers ne seraient pas complétement avertis que la chose n'est plus en possession du débiteur, et ils pourraient alors être trompés s'ils avaient des rapports de droit avec lui.

Lorsque les objets destinés à servir de gage sont renfermés dans un magasin ou bâtiment quelconque, nous ne croyons pas que la livraison de ces gages au débiteur puisse s'effectuer par la seule remise des clefs : cet acte, qui peut se passer entre deux personnes seulement, ne nous semble pas suffisant pour remplir le but de la loi, c'est-à-dire pour avertir les tiers de l'existence du contrat de gage.

90. Dès l'instant où un créancier de bonne foi a reçu un meuble en gage, peu importe que la per-

sonne qui le lui a livré en soit ou non propriétaire ; s'il vient à perdre cette chose ou si elle lui est volée, il peut la revendiquer pendant les délais ordinaires accordés par la loi, c'est-à-dire trois ans depuis le jour de la perte ou du vol. Cette opinion, pourtant, est controversée, et plusieurs jurisconsultes soutiennent que le délai qu'il a pour agir en justice est le même que celui du propriétaire locateur : quinze jours, par conséquent.

91. Nous avouons que, pour nous, cette dernière opinion paraît peu rationnelle et fort difficile à soutenir ; c'est donc sans hésitation que nous nous rangeons à la première. Aucune raison ne nous semble en effet avoir poussé le législateur à se départir de la règle qu'il a posée d'une manière générale dans l'art. 2279. Qu'une exception ait été faite à l'égard du locateur, rien de plus naturel ; les meubles que le locataire apporte dans la maison sont quelquefois, souvent même, tout ce qu'il a ; la loi a établi sur eux un privilége bien pénible, bien dur à supporter pour lui, puisqu'il ne peut enlever de la maison qu'il habite pour ainsi dire le moindre objet sans obtenir l'adhésion de son propriétaire. Il a donc paru nécessaire, afin d'atténuer la rigueur de cette partie de notre législation et de favoriser les transactions, de n'accorder au propriétaire qu'un délai très-court pour exercer son action en revendication ; un délai de quinze jours ne saurait donc être admis par analogie. L'art. 2102, dans son cinquième alinéa, ne nous semble pas contenir une règle régissant tous les cas de gage exprès ou tacite. Quand le créancier gagiste a subi une perte

ou a été victime d'un vol, il nous paraît logique, puisque la loi ne prescrit nulle part le contraire d'une
manière formelle, de l'assimiler au propriétaire dans
la même situation.

92. Le législateur a encore accordé un autre privilége, fondé, comme celui du propriétaire locateur, sur
une idée de gage tacite; il est établi en faveur de
l'aubergiste sur les effets apportés par le voyageur
dans son auberge, quand bien même ces effets appartien-
draient à un tiers, pourvu que l'aubergiste ait cru qu'ils
étaient au voyageur descendu chez lui. Il est évident,
du reste, que ce privilége, étant, comme nous venons
de le dire, basé sur une constitution tacite de gage,
s'éteint dès que les meubles sont sortis de la possession
de l'aubergiste. Ainsi, en supposant qu'un voyageur,
après avoir quitté un hôtel une première fois en empor-
tant ses effets, y revienne encore, le privilége ne garan-
tira que les frais faits pendant le voyage actuel; il ne
portera que sur les effets apportés lors du second
voyage, il sera éteint par rapport à ceux qui y auraient
été apportés lors du premier. L'aubergiste, en permettant au voyageur de les emporter, a tacitement
renoncé à son privilége. Il est bien entendu toutefois
que, dans l'hypothèse où lesdits objets auraient
été frauduleusement enlevés, le maître de l'auberge
a le droit de les revendiquer entre les mains des
tiers.

93. Au privilége de l'aubergiste dont nous venons
de parler, on assimile celui du voiturier. L'idée est en
effet la même dans les deux cas : c'est, à notre avis,
une idée de gage tacite. L'on peut donc dire, par rap-

port à ce privilége, tout ce que nous avons dit par rapport au précédent.

94. Notre article 2102 s'occupe, dans son 4° §, de la vente des objets mobiliers. Cette matière est de la plus grande importance et se rattache étroitement à celle dont nous traitons en ce moment; nous allons donc y jeter un coup d'œil et en donner un aperçu rapide, mais que nous nous efforcerons de rendre aussi complet que le cadre de notre travail le comporte. Rappelons d'abord que dans toute vente de meubles, il y a toujours un privilége établi en faveur du vendeur, peu importe que la vente ait lieu à terme ou au comptant. Le privilége s'exerce, tant que la chose est en la possession de l'acheteur, en faveur du vendeur, qui, dans le cas où l'objet a été perdu ou volé, a trois ans pour le faire rentrer dans le patrimoine de l'acheteur et exercer ensuite son privilége. Dans le cas où cet objet aurait été acquis par des tiers de bonne foi, si lesdits tiers n'avaient pas été mis encore en possession, nous croyons que le vendeur pourra exercer son privilége. Si le meuble avait été donné en gage, le privilége subsisterait toujours, mais le droit du créancier gagiste devrait être respecté. Rien ne s'oppose en effet, dans cette hypothèse, à l'exercice du privilége, car l'acheteur n'a pas, comme on pourrait être tenté de le dire, cessé de posséder; il a toujours eu la possession civile et il l'a encore: cela suffit pour que le vendeur puisse exercer son privilége. En cas d'annulation ou de rescision de la vente dans l'intérêt de l'acheteur qui l'a consentie, le privilége du vendeur revit lors même qu'il y a eu tradition.

95. Il existe pour le vendeur, lorsque la vente a été faite sans terme, un avantage, outre le privilége : c'est le droit de revendiquer les effets qu'il a livrés avant d'en avoir reçu le prix. Ce droit doit être exercé dans la huitaine de la délivrance, et, pour qu'il puisse l'être, il faut que les objets vendus ou livrés soient encore entre les mains de l'acheteur, et qu'ils soient dans le même état que lors de la vente. A Rome, on le sait, la vente ne rendait l'acheteur propriétaire que quand, outre le consentement des parties, il y avait eu tradition et payement du prix. Si le vendeur avait livré la chose à l'acheteur, et que le payement n'ait pas été effectué au moment de la livraison, le vendeur restait propriétaire, car on supposait qu'il n'avait livré l'objet que sous une condition : celle d'être payé ; tant qu'il était créancier du prix, il était encore propriétaire de la chose vendue.

96. Toutefois, comme ceci ne constituait qu'une présomption, dans les cas où il était prouvé d'une manière quelconque que le vendeur s'en était rapporté à l'acheteur et avait entendu suivre sa foi pour le payement du prix et le rendre propriétaire avant le payement, la tradition suffisait pour transférer la propriété. Cette exception à la règle générale était évidemment applicable dans le cas de vente à terme ; l'intention du vendeur a, en effet, été, dans cette hypothèse, de suivre la foi de l'acheteur. Dans la première hypothèse, le vendeur restait propriétaire, et pouvait revendiquer sa chose soit contre l'acheteur, si celui-ci la détenait encore, soit contre toute autre personne, sauf, bien entendu, les cas d'usucapion ; dans

la seconde, il n'y avait, au contraire, ni privilége, ni action en résolution, ni action en revendication.

97. Au point de vue de la revendication, l'ancien droit suivit le droit romain, sauf quelques légères modifications ; mais il s'en écarta à l'égard du privilége et de l'action résolutoire. Il accorda le privilége et l'action résolutoire au vendeur aussi bien pour la vente à terme que pour la vente au comptant, et qu'il y eût eu ou non stipulation à ce sujet.

98. Les modifications apportées à la revendication telle qu'elle existait en droit romain ne furent pas considérables ; une distinction fut établie entre la vente au comptant et la vente à terme. Dans le premier cas, le vendeur conservait, pendant tout le temps de sa créance, la propriété de l'objet qu'il avait livré, et par conséquent le droit de revendication. On voit que ce système ressemblait beaucoup à celui du droit romain ; toutefois l'on n'accordait, pour l'exercice du droit de revendication, dans le cas dont nous venons de parler, lorsque la chose était possédée par un tiers de bonne foi, qu'un délai excessivement court, mais que les coutumes n'avaient pas déterminé d'une façon formelle, voulant en laisser le soin aux magistrats. Plusieurs de nos anciens auteurs le fixaient à huit jours (1). Quelques jurisprudences, notamment celle du Châtelet, exigeaient, en outre, que l'objet livré et revendiqué fût, au moment de la revendication, dans le même état que lors de la livraison.

Les textes de nos anciennes coutumes et les explica-

(1) Ferrière, Bourjon, etc.

tions que les plus célèbres jurisconsultes de l'ancien droit ont données à ce sujet prouvent bien que le droit de revendication était, sous l'ancienne jurisprudence, à peu près ce qu'il était en droit romain, et que le principe qui le faisait admettre était complétement le même. Les deux coutumes de Paris et d'Orléans disent formellement, la première dans son art. 176, et la deuxième dans son art. 458, que le vendeur d'un meuble, quand la vente a été faite sans terme, peut revendiquer sa chose afin d'être payé du prix convenu.

90. Le principe de l'action en revendication est donc, dans l'ancien droit français comme dans le droit romain, ainsi que plusieurs de nos grands auteurs , tels que Pothier et Dumoulin, l'expliquent, le droit de propriété, qui, tant que le vendeur n'a pas été payé, existe toujours à son profit et réside toujours en lui. Si l'on permet au vendeur de reprendre sa chose , c'est tout simplement en vue de lui procurer une sûreté pour le payement du prix qui a été convenu entre lui et l'acheteur; mais ni l'un ni l'autre ne sont dégagés, et la vente produira tous ses effets dès que l'acheteur viendra apporter le prix à son vendeur.

100. Après avoir considéré quel était, au point de vue de la revendication, le système en vigueur à Rome et celui adopté en France par nos coutumes, il nous reste à examiner comment notre Code a organisé cette action en revendication. Le but nous paraît être le même que celui qui existait dans notre ancien droit. La revendication, chez nous, est une sorte d'action spéciale qui n'est pas l'action en résolution de la vente, qui n'est pas même l'action en revendication *de l'objet* livré,

mais celle du droit de rétention que le vendeur a abandonné dans un moment de confiance imprudente. La
loi, en effet, permet au vendeur, en vertu de l'art. 1612
Code Napoléon, de retenir la chose vendue jusqu'à ce
que le prix lui ait été remis par l'acheteur; mais, dans
la pratique, il arrive très-souvent que l'objet de la vente
est livré par le vendeur sans que le prix en soit immédiatement payé : si l'acheteur reste assez longtemps
sans exécuter le contrat pour que le vendeur ait lieu
de concevoir des craintes, la loi lui permet alors de demander à ressaisir sa chose, afin de tenir en ses mains
un gage de l'exécution du marché, de se mettre en un
mot dans la situation où il se fût trouvé s'il eût usé du
droit que l'art. 1612 lui confère.

101. On voit par ce que nous venons de dire que, si
le fondement du droit de revendication n'est plus, dans
notre droit moderne, ce qu'il était dans notre ancien
droit, l'objet et le résultat sont absolument les mêmes.
Le vendeur, qui, en vertu du droit romain, exerçait l'action en revendication comme propriétaire, ne l'exerce
plus aujourd'hui au même titre ; ce n'est pas, ainsi que
nous l'avons déjà fait remarquer, la propriété qu'il revendique, mais le droit de rétention. La loi le protège
et ne veut pas qu'il souffre de la confiance qu'il a eue
en l'acheteur, et qui a fait qu'il n'a pas usé du droit de
rétention que l'art. 1612 lui confère.

La revendication, avons-nous dit, n'est admise que
dans les ventes au comptant; elle n'a lieu qu'autant
que la chose vendue est entre les mains de l'acheteur et
se trouve dans le même état qu'au moment de la vente ;
enfin, elle doit être exercée dans les huit jours de la

délivrance.—La première de ces règles est basée sur ce que, d'après l'art. 1612, le droit de rétention n'existe pas pour les ventes à terme; or ce droit est le fondement de l'action en revendication; — la deuxième vient de ce que, d'après la maxime *En fait de meubles possession vaut titre*, la revendication en matière mobilière n'a pas lieu contre les tiers de bonne foi; — la troisième, que l'action en revendication a pour but de mettre les parties absolument dans le même état que lors de la conclusion du marché, et que ce but ne serait pas atteint si l'objet, par suite d'un changement quelconque survenu dans son état, avait diminué ou augmenté de valeur, ou s'il était impossible de le reconnaître avec certitude. — Quant au délai de huitaine passé lequel le droit de revendication ne peut plus être exercé, il vient de ce qu'après ce laps de temps le vendeur est censé avoir complétement suivi la foi de l'acheteur et a renoncé tacitement au droit de revendiquer sa chose.

102. Le vendeur perd le droit de revendication dans le cas où la chose qu'il a vendue est passée des mains de l'acheteur dans celles d'un tiers qui l'a reçue, à titre onéreux ou à titre gratuit. Du moment où elle a cessé d'être possédée, d'être détenue par l'acheteur (et peu importe par quelle cause cet événement a été produit), le vendeur n'a plus sur elle aucun droit.

Une question nous reste maintenant à examiner: il s'agit de savoir si le droit de revendication que la loi accorde au vendeur de meubles qui n'a pas encore été payé doit ou non l'emporter sur le privilége conféré au locateur d'une maison ou d'une ferme où l'acheteur a

placé ces meubles comme objets garnissant, en supposant, bien entendu, que le propriétaire privilégié soit de
bonne foi, c'est-à-dire qu'il ignore que les meubles
apportés dans sa maison ou sa ferme par son locataire
ou fermier n'ont pas été payés. La négative nous
semble devoir être adoptée; elle a pour elle l'autorité
d'un de nos plus grands jurisconsultes, qui dit que la
maxime *En fait de meubles possession vaut titre* doit
mettre chez nous un invincible obstacle à la revendication du vendeur, dans quelque bref délai que celui-ci
l'intente; en effet, son droit ne saurait être plus puis-
sant que le droit de propriété. Or, si l'on suppose que
le propriétaire d'un objet mobilier l'a remis au locataire
à titre de prêt ou de dépôt, il se trouvera impuissant de-
vant le privilége du bailleur; pourquoi n'en serait-il pas
de même à l'égard du vendeur qui a transféré sa propriété au locataire? Pothier décidait le contraire, mais
c'est en vain que l'on s'appuierait sur son autorité. Le
Code Napoléon n'a pas, en effet, suivi sur ce point la
marche des coutumes de Paris et d'Orléans, qui prescrivaient que le vendeur qui n'aurait pas accordé de terme
pour le payement pourrait revendiquer la chose en
quelque lieu qu'elle fût transportée, c'est-à-dire même
entre les mains d'un sous-acquéreur de bonne foi : le
droit de revendication pouvait donc s'exercer même à
l'encontre du bailleur. Mais le législateur de 1804 n'a
point voulu que le vendeur pût exercer le droit de revendication quand la chose vendue n'était plus en la
possession de l'acheteur. Le vendeur ne peut revendiquer les meubles qu'il a vendus contre le propriétaire de la maison ou de la ferme que l'acheteur a pris

à loyer, et où il a déposé ces objets comme garantie.

103. Cette doctrine pourtant a ses contradicteurs, et plusieurs arguments sont employés pour la combattre. On en cherche dans l'ancienne législation ; nous venons d'en citer un, et nous avons vu qu'il était bien loin d'être concluant. On l'a représentée comme contraire au texte de la loi moderne, mais elle ne l'est évidemment pas, car la loi est bien formelle et dit expressément que le privilège du vendeur ne sera conservé que s'il a eu soin d'avertir le locateur avant l'entrée des meubles dans la maison louée ; mais cela ne prouve pas que la revendication doive survivre quand même. Si l'on emploie contre nous, dans cette circonstance, l'argument *Qui dicit de uno, negat de altero*, nous répondrons qu'il ne vaut rien ici, puisqu'il nous conduit en dehors de l'application de la maxime de l'art. 2279. On a dit aussi que cette solution est contraire à l'équité en ce qu'elle dépouille le vendeur au profit du propriétaire locateur qui acquiert des objets qu'il n'attendait pas. Nous répondrons à cela que c'est la faute du vendeur, qui n'a pas employé le moyen dont la loi l'avait armé pour la conservation de sa créance. Il n'a donc à s'en prendre qu'à lui.

104. Une question fort délicate et fort importante nous reste à examiner encore : c'est celle de savoir ce qui se produirait si le tiers acquéreur d'un objet mobilier se laissait évincer par le véritable propriétaire en ne lui opposant pas la maxime de l'art. 2279 : *En fait de meubles, possession vaut titre*. Son vendeur peut-il lui refuser toute garantie sous prétexte qu'il ne se laisse évincer que parce qu'il le veut bien, et qu'il n'emploie

pas, pour se défendre contre l'action du propriétaire, le moyen bien simple mais décisif que la loi lui procure elle-même, ou bien le forcer de se servir de ce moyen? L'affirmative nous semble devoir être admise. Les partisans de la négative n'ont, en effet, à nous opposer qu'un seul argument tiré, il est vrai, de considérations morales, à savoir : qu'il est impossible que la loi ait entendu consentir à ce que le possesseur de l'objet puisse être forcé de commettre un acte blâmable, un acte d'indélicatesse, que le législateur ne lui a permis qu'avec regret d'employer, mais dont il est bien étrange qu'un autre puisse le forcer à se servir. A cet argument nous en pouvons opposer plusieurs tirés des textes de la loi.

Il en est un, en effet, l'art. 2225, qui dit d'une manière générale et formelle que toute personne qui a intérêt à ce que la prescription soit acquise peut l'opposer encore que le propriétaire y renonce. Un autre article, l'art. 1640, ainsi conçu : « La garantie pour cause d'éviction cesse lorsque l'acquéreur s'est laissé condamner par un jugement en dernier ressort, ou dont l'appel n'est plus recevable, *sans appeler son vendeur,* si celui-ci prouve qu'il existait des moyens suffisants pour faire rejeter la demande, » nous prouve d'une façon invincible que le vendeur garant de l'éviction peut obliger l'acheteur qu'il garantit à se servir de la prescription, et, en cas de refus, s'en servir à sa place. Quelque sensé qu'il puisse paraître au point de vue moral, nous ne croyons donc pas que l'argument de nos adversaires puisse triompher des textes mêmes de la loi.

POSITIONS.

—

DROIT ROMAIN.

I. L'obligation pour le possesseur de bonne foi de restituer au propriétaire les fruits non consommés au moment de la *litis contestatio*, existait-elle à l'époque classique ? —Non.

II. La femme peut-elle usucaper le fonds appartenant à son mari quand elle l'achète à un tiers? — Il faut distinguer.

III. Le part de l'esclave volée, conçu et né chez un possesseur de bonne foi, n'est pas *res furtiva :* il peut donc être usucapé.

IV. Un droit réel d'usufruit ou de servitude ne peut pas naître des pactes et des stipulations.

V. L'esclave du citoyen prisonnier chez l'ennemi peut usucaper les biens qu'il a achetés *ex causa peculiari*, même postérieurement à la captivité de son maître, soit que celui-ci revienne, soit qu'il décède chez l'ennemi.

———

DROIT FRANÇAIS.

CODE NAPOLÉON.

I. L'étranger appartenant à une nation dont les lois admettent le divorce ne peut, s'il est divorcé, contracter mariage en France.

II. Ni l'escroquerie, ni l'abus de confiance ne doivent être assimilés au vol.

III. Le créancier gagiste a trois ans pour revendiquer les meubles donnés en gage qui lui ont été volés.

IV. Sous le régime dotal, la dot mobilière est aliénable.

V. Les donations déguisées sous l'apparence d'un contrat à titre onéreux sont soumises au rapport.

CODE DE PROCÉDURE.

I. L'incompétence des tribunaux civils en matière commerciale est absolue.

II. L'instance est prescrite lorsque trente ans se sont écoulés depuis le dernier acte de procédure.

CODE DE COMMERCE.

I. L'art. 883 du Code Napoléon n'est point applicable dans l'hypothèse prévue par l'art. 563 du Code de commerce.

II. La remise faite par le concordat n'est pas sujette à rapport.

CODE PÉNAL.

I. Celui qui garde par devers lui une chose qu'il a trouvée ne commet pas un vol.

II. Quand un accusé précédemment condamné à un emprisonnement de plus d'une année est reconnu coupable d'un crime, mais qu'à raison de circonstances atténuantes admises en sa faveur ce crime n'est passible que de peines correctionnelles, il n'y a pas lieu de faire l'application de l'art. 58 du Code pénal sur la récidive, tel qu'il a été modifié par la loi du 13 mai 1853.

DROIT ADMINISTRATIF.

I. Le principe de l'art. 815 du Code Napoléon n'est pas applicable aux biens indivis entre communes ou sections de communes.

II. L'autorisation accordée par l'administration d'établir un atelier incommode ou insalubre ne fait pas obstacle aux réclamations des propriétaires voisins.

III. Les cours d'eau qui ne sont ni navigables ni flottables sont choses communes, qui n'appartiennent à personne et dont l'usage est commun à tous.

Vu par le président de l'acte public,
RAGON.

Vu par le doyen,
BOURBEAU.

Vu :
PERMIS D'IMPRIMER :
Le Recteur,
A. MAGIN.

Les visas exigés par les règlements sont une garantie des principes et des opinions relatives à la religion, à l'ordre public et aux bonnes mœurs (statut du 9 avril 1825, art. 41), mais non des opinions purement juridiques, dont la responsabilité est laissée au candidat.

Le candidat répondra en outre aux questions qui lui seront faites sur les autres matières de l'enseignement.

Poitiers. — Imp. A. DUPRÉ.

POITIERS. — TYP. A. DUPRÉ.

Contraste insuffisant

NF Z 43-120-14

www.ingramcontent.com/pod-product-compliance
Lightning Source LLC
Chambersburg PA
CBHW071916200326

41519CB00016B/4633